地域批評シリーズ㉒

これでいいのか
青森県

まえがき

　世界の最先進国日本も、そのほとんどはイナカである。そして、青森県はその中でも「最たるイナカ」というイメージを持たれている。やはりこれは『テレビも無ェ　ラジオも無ェ』から始まる金木出身の大物歌手による大ヒット曲『俺ら東京さ行ぐだ』の影響が大きいのだろう。

　だが、青森県は「最悪のイナカ」なのだろうか。また、仮にイナカだったとしても、そこが「オラこんな県嫌だ」なのかどうかは別問題だ。そして、その土地が総合的な意味で豊かであるか、貧しいかも、また然りである。

　そもそも、青森県はキレイにまとまった土地ではない。奥羽山脈と歴史的経緯で隔てられた津軽と南部。下北半島も、それぞれまったく違った場所である。一緒くたにされては迷惑である。

　我々が訪れた青森県は、悪い印象が少なかった。特に津軽の田園地帯。風が吹くとエメラルド色の「波」が輝く車窓から見た一面の稲田は果てしなく美しかった。八戸、弘前の街は、この地方都市総倒れの時代に粘り強く力を保っていたし、五所川原の完全に新しい街づくりは目を見張るものがあった。データを見ても、米、リンゴ、ニンニクなど、海外にまでその名を轟かす農作物。マグロ、ホタテ、イカといった海産物。青森ブランドの力は絶大だ。

一方で、問題が多いのも事実だ。せっかくの新幹線があっても、北海道新幹線の開業により「青森は通過されるだけ」になってしまう危険がある。強力な観光資源を多くかかえる五能線は2時間待ちが常識。住民所得、財政力に秀でる自治体を擁する下北半島の実態は、軍事・原子力依存の大きな危険を孕んだものである。また、全国的に進む少子化の波を、最も大きく受けている地域のひとつであることも、青森県の真実であろう。さらに、戦国時代から続く津軽、南部の対立構造が、いまだに負の遺産として「機能」しているという。これが青森県の発展に悪影響を与えているというのだ。

本書は、ありきたりの観光ガイドではない。青森県にはどんな人間が住み、どんな生活をして、本当はどこが良くて、どこが問題なのかを、丹念な取材と、多くのデータを分析して解き明かしていく。青森県に貼られた「レッテル」を一枚ずつはがし、真実の姿が少しでも明らかになれば、幸いである。

弁天島
下北郡
大間町
下北郡
風間浦村
279
尻屋崎
北
0
20km
恐山
下北半島
むつ市
宇曽利山湖
田名部川
下北郡
東通村
釜臥山
大湊駅
下北駅
赤川駅
338
芦崎
大湊湾
金谷沢駅
279
近川駅
有畑駅
陸奥横浜駅
JR大湊線
上北郡
横浜町
338
下北丘陵
陸奥湾
吹越駅
上北郡
六ヶ所村
尾駮沼
上北郡
野辺地町
279
鷹架沼
小湊駅
清水川駅
西平内駅
狩場沢駅
野辺地湾
有戸駅
市柳沼
東津軽郡
平内町
北野辺地駅
田面木沼
高瀬川
内沼
野辺地駅
上北郡
東北町
394
小川原湖
4
乙供駅
三沢市
淋代海岸
東北新幹線
338
青い森鉄道線
上北郡
七戸町
七戸十和田駅
小川原駅
三沢空港
甲田
上北郡
おいらせ町
太平洋
甲田山
六戸JCT
三沢
青森県
三沢十和田下田
向山駅
103
上北郡
六戸町
第二みちのく有料道路
45
下田百石
乗鞍岳
102
奥入瀬川
百石道路
4
十和田市
陸奥市川駅
長苗代駅
本八戸駅
小中野駅
陸奥湊駅
蕪島
八戸北
種差海岸
三戸郡
五戸町
八戸駅
鮫駅
陸奥白浜駅
十和田
八戸市
白銀駅
種差海岸駅
大久喜駅
八戸
金浜駅
103
4
八戸JCT
45
大蛇駅
三戸郡
新郷村
454
剣吉駅
三戸郡
南部町
福地PA
三戸郡
階上町
階上駅
角の浜駅
平内駅
馬淵川
340
新井田川
三戸郡
三戸町
三戸駅
名久井岳
南郷
階上岳
種市駅
玉川駅
宿戸駅
JR八戸線
陸中八木駅
目時駅
4
八戸自動車道
三戸郡
田子町
有家駅
金田一温泉駅
軽米
45
陸中中野駅
IGRいわて銀河鉄道線
104
斗米駅
折爪SA
395
二戸駅
九戸
岩手県
四角岳
侍浜駅
二戸PA
一戸
一戸駅
陸中夏井駅

青森県地図

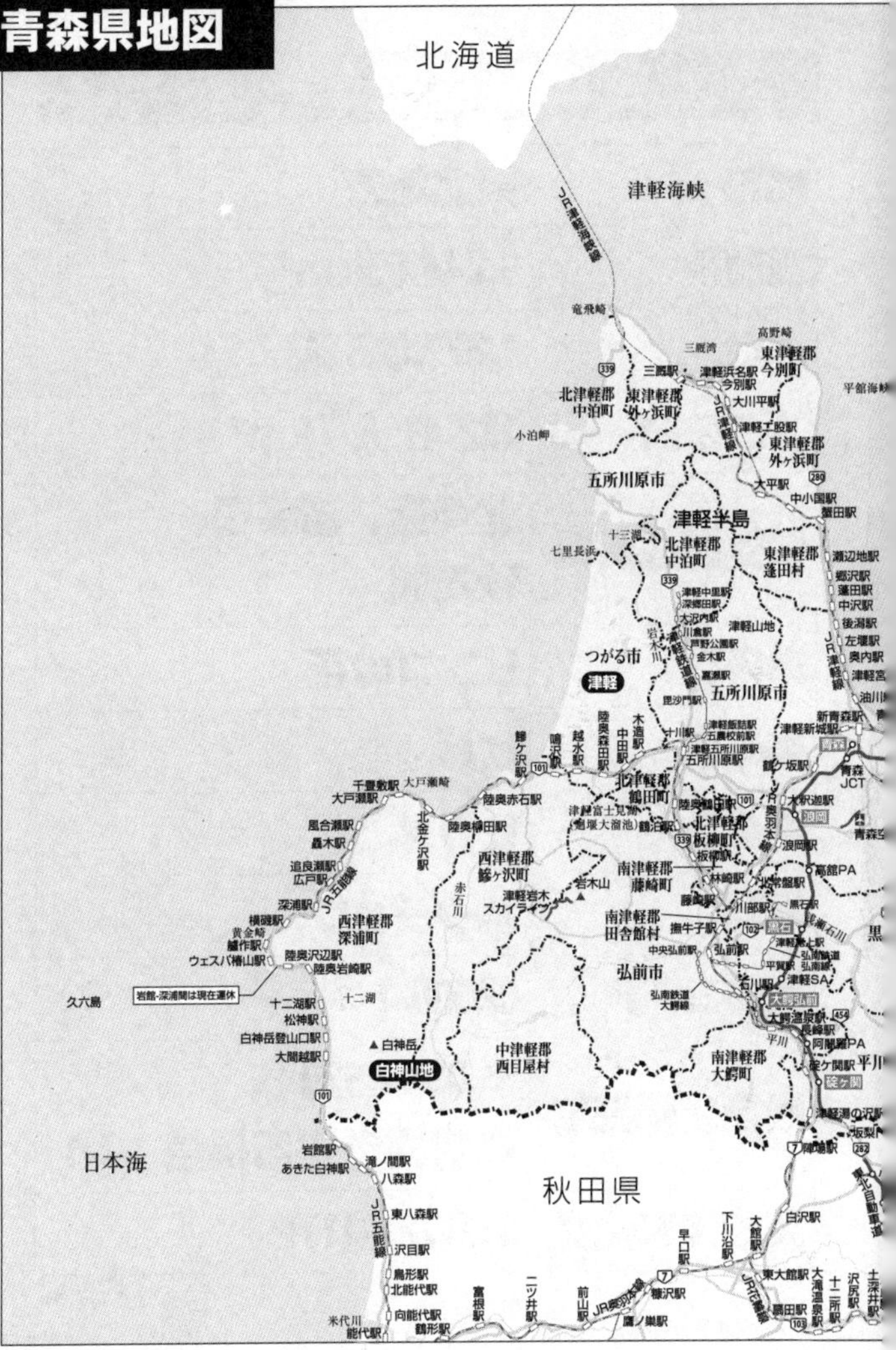

北海道
津軽海峡
JR津軽海峡線
竜飛崎
高野崎
三厩湾
東津軽郡
今別町
平館海峡
三厩駅
津軽浜名駅
今別駅
大川平駅
北津軽郡
中泊町
東津軽郡
外ヶ浜町
JR津軽線
津軽二股駅
東津軽郡
外ヶ浜町
小泊岬
五所川原市
大平駅
中小国駅
蟹田駅
津軽半島
十三湖
七里長浜
北津軽郡
中泊町
東津軽郡
蓬田村
瀬辺地駅
郷沢駅
蓬田駅
中沢駅
後潟駅
左堰駅
奥内駅
津軽宮田駅
油川駅
津軽中里駅
深郷田駅
大沢内駅
津軽山地
川倉駅
芦野公園駅
金木駅
嘉瀬駅
岩木川
津軽鉄道線
JR津軽線
つがる市
津軽
五所川原市
毘沙門駅
新青森駅
津軽新城駅
鰺ヶ沢駅
鳴沢駅
越水駅
陸奥森田駅
中田駅
木造駅
十川駅
津軽飯詰駅
五農校前駅
津軽五所川原駅
五所川原駅
鶴ヶ坂駅
青森
青森JCT
千畳敷駅
大戸瀬崎
大戸瀬駅
陸奥赤石駅
北津軽郡
鶴田町
津軽富士見湖
（廻堰大溜池）
陸奥鶴田駅
鶴泊駅
北津軽郡
板柳町
板柳駅
JR奥羽本線
大釈迦駅
浪岡
浪岡駅
青森空港
風合瀬駅
轟木駅
追良瀬駅
広戸駅
北金ヶ沢駅
陸奥柳田駅
西津軽郡
鰺ヶ沢町
南津軽郡
藤崎町
林崎駅
北常盤駅
高館PA
JR五能線
深浦駅
赤石川
津軽岩木
スカイライン
岩木山
藤崎駅
川部駅
黒石駅
横磯駅
黄金崎
驫木駅
ウェスパ椿山駅
西津軽郡
深浦町
南津軽郡
田舎館村
撫牛子駅
黒石
浅瀬石川
黒
陸奥沢辺駅
陸奥岩崎駅
中央弘前駅
弘前駅
津軽尾上駅
弘南鉄道
弘南線
平賀駅
弘前市
石川駅
津軽SA
久六島
岩館-深浦間は現在運休
十二湖駅
十二湖
弘南鉄道
大鰐線
大鰐弘前
松神駅
大鰐温泉駅
長峰駅
白神岳登山口駅
白神岳
平川
阿闍羅PA
平川
大間越駅
白神山地
中津軽郡
西目屋村
南津軽郡
大鰐町
碇ヶ関駅
碇ヶ関
津軽湯の沢駅
陣場駅
日本海
岩館駅
あきた白神駅
滝ノ間駅
八森駅
秋田県
東北自動車道
東八森駅
JR五能線
白沢駅
沢目駅
早口駅
下川沿駅
大館駅
鳥形駅
北能代駅
JR奥羽本線
糠沢駅
東大館駅
大滝温泉駅
十二所駅
沢尻駅
土深井駅
JR花輪線
米代川
能代駅
向能代駅
鶴形駅
富根駅
二ツ井駅
前山駅
鷹ノ巣駅
扇田駅

青森県基礎データ

地方	東北地方
総面積	9,644.55km²
人口	1,277,068 人
人口密度	132.41 人 /km²
隣接都道府県	北海道、岩手県、 秋田県
県の花	リンゴの花
県の木	ヒバ
県の魚	ヒラメ
県鳥	ハクチョウ
団体コード	02000-1
県庁舎所在地	〒 030-8570 青森県青森市長島 1-1-1
県庁代表電話	017-722-1111

2017 年 12 月現在

第1章
青森県って
どんなトコ？

もうひとつの日本の中心地
最後まで残った蝦夷の聖域

三内丸山遺跡はどんな都市だった？

青森県に太古の昔から高度な文明が存在したことは間違いない。三内丸山はおよそ5500年〜4000年程度前の巨大集落だ。立地やこの頃の海岸線は現在よりも内陸に入っていた可能性から、有名な「大型堀立柱建物跡」は、物見櫓や灯台のような「入港してくる船を監視・管制」するものとも考えられ、交易の拠点であったとも考えられる。特にナイフや矢じりの原料として有名な黒曜石は北海道からの「輸入品」であることはほぼ確実で、その他新潟などからヒスイ、岩手県からコハクがこの地に運ばれていることがわかっており、当時から現在の青森市一帯で大規模な交易が行われていたのはほぼ間違いない。

過去、「縄文人」は原始時代から続く狩猟生活を中心とした「移動する民」というイメージがあったが、実際にはかなり昔から定住生活をしており、農業を行っていた証拠も出土している。イメージよりも遥かに進歩した民族であったのはほぼ間違いないだろう。

本当の「日本編入」はいつ頃からなのか？

ご存じの通り、東北地方は長らく「日本」、つまり大和勢力（政権・朝廷）政権の支配下に入らない独自の勢力圏だった。中でも北端に当たる青森県は、地理的条件から当然、最後に「日本」に編入された土地と考えていいだろう。

大和勢力は４世紀頃には東方侵略、もしくは交流の強化を開始。東海・甲信越に続き関東へ進出し、奈良時代には東北地方にその触手を伸ばした。奈良時代から平安時代にかけて行われた福島県などを主戦場とした坂上田村麻呂の蝦夷征討や、後の源氏政権の礎となった安倍氏、清原氏との抗争、最後には鎌倉幕府による奥州藤原氏の滅亡で、いわゆる蝦夷勢力は滅亡し、東北地方・そし

古代〜中世青森県史

2万年前頃	旧石器時代始まる
1万3千年前頃	土器文明が始まる
5500年前頃	三内丸山などで円筒土器文化が繁栄
3000年前頃	亀ヶ岡土器文化が繁栄
2200年前頃	水田耕作が始まる
655年	津軽の蝦夷が大和朝廷から冠位を授かる
789年	アテルイの戦い発生
814年	津軽の狄俘の反乱が発生
1057年	前九年の合戦発生。 河内源氏の元、関東武士団が東北に進出
1082年	安倍氏の後裔を名乗る安東氏、藤崎城を築城 （1092年説もあり）
1126年	奥州藤原氏、津軽半島全域に勢力を拡大
1185年	奥州藤原氏、源義経をかくまう
1189年	源頼朝による侵略で奥州藤原氏が滅亡
1190年	十三湊で奥州藤原系豪族、大河兼任が反乱を起こす
鎌倉時代	陸奥の支配権を北条氏がほぼ確保。 安東氏が北条氏の被官として勢力を伸ばす
1322年	安東氏の内紛が勃発
1334年	北畠顕家が陸奥に下向。 北条氏の残存勢力を滅ぼし陸奥に影響力を持つ
1335年	北畠顕家が鎮守府将軍となり、東北地方の総責任者となる
1336年	南北朝の争いが始まる。 東北地方では北畠氏を中心とする南朝側が勢力を拡大

※各種資料より作成

て青森も「日本」の一部となったわけだ。

しかし、青森県の諸勢力を見ると、戦国時代まで東北地方の西部を支配した安東氏（安藤氏・後の秋田氏）は安倍系の嫡流を名乗っていたし、「浪岡御所」として津軽の権威となった北畠氏（浪岡氏）は、どうやら奥州藤原系の有力者と結びついて成立した勢力らしい。十三湊は奥州藤原氏最後の拠点として、鎌倉時代に反乱（青森の立場からしてみれば反攻作戦というべきだが）を起こしているし、その後も奥州藤原系の豪族が大きな勢力を持っていたとも言われる。

安東氏が完全に東北の地を離れたのは江戸時代に入ってからだし、上記の諸勢力も室町時代から戦国時代まで生き残った歴史の長い一族ばかりだ。平安時代にはおおよそ北海道と沖縄を除く現在の日本領土は統一されたと一般的には考えられているが、安東氏は長らく「日本国王」を名乗って中国と貿易を行っていたし、鎌倉時代には独自にモンゴルとカラフト辺りで戦っていたという説もある。要するに、青森県はかなり最近まで独立国の性格を持った、「蝦夷最後の拠点」として存在したと考えても、あながち間違いではない。これ、なんか格好良くないか？

三内丸山遺跡の象徴である六本柱建物跡。作られた時期を考えると驚異的な技術力が発揮された建造物。古代青森の繁栄がうかがえる

安東と南部の熾烈な抗争侵略と裏切りの中世青森史

イマイチ状況のわからない鎌倉時代

奥州藤原氏滅亡後の青森を、簡単に「こういう状況だった」と説明するのは難しい。東北全体としては、古くからの勢力が衰退し、奥州合戦で活躍した関東武士団が取って代わったわけだが、最北部の青森では、「曾我兄弟の仇討ち」で有名な曾我氏がいたくらいで、基本的には鎌倉幕府を仕切った北条氏が支配し、その代官として、安倍系の安東氏が勢力を伸ばしたらしい。ただ、後に北畠氏系統の名門となった浪岡氏や十三湊の勢力などは奥州藤原系ともいわれ、旧来の勢力も、かなり残っていたようだ。後に青森を制覇した南部氏は、三戸、八戸あたりに「存在した」のは確かだろうが、南部の本家筋と見なされる一族は、相変わらずもともとの根拠地である甲斐（山梨県）の現南部町辺りや、その他の領地にいたようだ。

こうした中、北条氏という後ろ盾を持ち、さらに安倍氏の後裔というブランド力を持つ安東氏は、青森から秋田にまで力を伸ばし、北海道にも影響力が及んだという。蒙古襲来に際しては、樺太でアイヌを率いてモンゴル軍と戦ったとか、「日本国王」を名乗って中国やその周辺国と貿易を行っていたともいわれ、「蝦夷の総大将」としての地位にあったようだ。

この状況が乱れるのは鎌倉幕府の崩壊から南北朝時代にかけて。安東氏は鎌倉末期に相続争いから幕府に反乱を起こしており、その後に起こった建武の新政期にやってきた義良親王（後の後村上天皇）と北畠顕家が東北地方の支配権を握ると、時には味方、時には敵として巧妙に立ち回り、最盛期を迎える。

複雑すぎる安東と南部の抗争

このとき、北畠顕家に付いてきたのが、本格的な南部氏の東北進出の始まりだ。前述の通りもともと南部一族の一部は東北にいたのだが、本拠地の甲斐やその他の南部一族はこの時期にかなり衰退し、残ったのが東北の南部一族だった、というのが実態に近いだろう。

後の盛岡藩主は三戸に住み着いた三戸南部氏だが、もともと最大勢力だったのは、後の八戸氏となる八戸南部（根城南部）氏だともいわれる。その他にも戦国時代に滅ぼされた九戸氏や盛岡藩の家老家となった北氏、中野氏。津軽の司令官だった石川氏など、まあこの時期の武家ってのはもう長子相続というよりも公平な相続という感じだったので、どんどん一門（それも対等に近い）が増えていた。で、これはもう源氏の伝統というべき果てしない内部抗争、つまり内ゲバを繰り広げたわけだ。

大筋としては、安東氏が南朝側と北朝側に分裂し、南朝側の南部がこれを破り、青森の安東氏は北海道に逃亡。これも南部系が破って後の松前氏が成立。秋田にいた安東氏は安泰。というのが「超ざっくり」解説なのだが、そもそも日本の戦争というのは、あまり徹底的に戦うというよりも、ほどほどの所でヤメて、婚姻関係を結び同盟したのにすぐにまた戦争、というのが「王道」。南

中世青森県史

1335年	南部師行、北条得宗領だった現青森市に領地を得る
1338年	足利尊氏、京都で幕府を開く（室町幕府）
1340年	十三湊大津波襲来（虚構説もあり）
1386年	北畠氏、浪岡に入る（浪岡氏の始まり）
1392年	南北朝が合一 足利義満の命により、北朝側の南部守行が南朝側の南部氏の南部政光に降伏勧告
1393年	南部政光、本拠を甲斐から八戸根城に移転
1395年	安東鹿季、湊城に進出し後の秋田氏の基礎を築く この頃から南部勢力による安東勢力圏への侵入が本格化
1407年	南部守行、安東鹿季と戦い領地を確保
1417年	浪岡氏の裁定により、安東・南部の境界線が制定される
1432年	安東盛季・康季、南部氏に敗れ北海道に敗走
1442年	十三湊が南部氏によって陥落。津軽の安東氏勢力が事実上の壊滅
1453年	安東義季、南部勢に攻められ自害 安東氏嫡流の断絶
1456年	南部義政、秋田に侵攻するも敗退
1457年	武田信広、蠣崎氏を称し北海道に勢力を広げる
1467年	応仁の乱に際し、葛西氏、安東（秋田）氏と共に伊達氏・芦名氏と開戦
1502年	久慈光信、大浦城を築く
1539年	家臣の放火により三戸城（聖寿寺館）焼失
1567年	大浦為信、大浦城主となる

※各種資料より作成

北朝の対立も、一族の抗争を起こすための「名目」として使われたことも多く、またそれぞれ一族内で内部抗争を繰り広げているのだから、南部のある一族が「親戚」の安東系と組んで別の安東系を攻めると「親戚」の南部系が援軍を、という事態も頻発。要するにちゃんと見ないと……、いやいや、ちゃんと見ても訳のわからない状況となったのが中世の青森なのである（別に青森に限らず日本中こんな感じだけど）。

とはいえ、最盛期には青森と秋田を支配した安東氏は秋田の大名「秋田氏」となり、青森県は全域にわたっておおよそ南部系となったのが、戦国時代の姿である。俯瞰してみれば南部の侵略成功といったところだが、実際には双方壮絶な抗争と内ゲバの果て、「なんとなくこうなっちゃった」というべきなのかもしれない。

甲斐源氏の一族であった南部氏が、本格的に奥州定着を果たしたのは、南北朝時代に活躍した南部師行の時代から始まる

津軽の独立は裏切りなのか
国境は名実共に奥羽山脈

果てしなき南部の内部抗争の果てに

日本の戦国時代は、鎌倉以来の名門武家が次々と没落し、新興勢力が台頭した時代だ。これを「下克上」と呼ぶが、豊臣秀吉のように本気で中流以下からのし上がった例は少なく、名門一族の中で地位が低かった者がのし上がった例がその大半。江戸時代に津軽藩を繁栄させた津軽氏はまさにその好例である。

津軽氏の始祖は大浦為信。大浦氏は南部一族で、為信はこれまた南部一族の久慈氏から大浦氏に養子に来た人物だった。

戦国後期の南部氏は、名将南部晴政を中心として最盛期を迎えていた。安東氏を始めとする諸勢力との抗争もほぼ南部氏の勝利となり、肥沃な津軽地方を制圧。もともとの宗家筋だったといわれる八戸氏や、強力な軍団を持つ九戸氏などの一族をしっかりとまとめあげた(暗殺などがかなり混ざっているようだが……)。

さて、この時期の津軽は、晴政のおじ(弟という説もある)にあたる石川高信という優秀な武将が大きな存在感を示していた。晴政には長く男児が生まれず、石川高信の子供である信直を養子に迎え、嫡子としていた。しかし、晴政が50を越えてから実子(晴継)が誕生。実子がかわいい晴政は信直を冷遇するようになり、これに反発する一族も当然出現。ここで奇跡的にまとまっていた南部氏にまたぞろ内部抗争が勃発する。

大浦為信が活動を開始したのはこのころ。急遽、石川高信の居城石川城を襲いこれを落城。石川高信はここで戦死したとも逃げ延びたともいわれているが、どちらにせよ津軽の重鎮は去った。これだけ見ると、晴継派の大浦為信が信直の実父を殺して支援、というようにも見えるが、実際はもっと複雑な事情があったようだ。別の記録ではこの事件自体がなかったことになっていたりする。

ともあれ、信直、晴継問題とそれに伴う一族間の対立はこの後も続き、何度も養父晴政から暗殺されかかった信直が嫡子の座から引く、という形で一応の解決を見たが、晴政死去後、跡を継いだ晴継が「謎の暴漢」に襲われて死亡とも、家督相続直後に病死ともいわれ、ともかく即刻死んでしまった。ここで後継を巡って元の嫡子であった信直の石川家と九戸系の一族が争い、結局信直が勝利する。

前述の通り、為信が石川高信を殺したかどうかは本当のところ良くわからない。ただ、大浦氏は九戸支持派だったようで、どちらにしても信直が後継者となった以上立場は多いに悪化した。「もう本当に独立しちまえ」となるのは当然だ。ここから為信の快進撃が始まるのである。

為信は津軽の各地に出兵。次々と勢力圏を拡大していく。信直はこれを鎮圧せねばならないのだが、後継者争いに敗れた九戸氏の動きを警戒して動けず、結局まともに軍を送ることはできなかった。

南部・津軽抗争史①

1541 年	南部晴政、三戸南部氏の当主になる
1565 年	晴政、叔父（弟とも）の石川高信の子、信直を養子に
1570 年	晴政に実子晴継が誕生
1571 年	大浦為信、石川城を襲撃し石川高信が戦死（複数の説がある）（1581 年説もあり詳細は不明）
1572 年	晴政、信直を暗殺しようとする？
1576 年	信直の妻（晴政の娘）が死去。これに伴い信直は嫡子を辞退 これにより、南部氏は晴政派の三戸家・九戸家（大浦家もこちら？）と信直派の石川家・八戸家・南家・北家の 2 派に分かれて対立する
1578 年	大浦為信、浪岡城を攻め、浪岡氏は滅亡
1582 年	晴政、晴継親子相次いで死亡。信直による暗殺の可能性も次代の南部当主を信直か同じく晴政の娘婿であった九戸実親かで意見が分かれたが、結局信直が勝利
1585 年	大浦為信、外ヶ浜一帯を制圧
1588 年	大浦為信、津軽一帯を制圧
1589 年	大浦為信、豊臣秀吉に使節を送り、津軽三郡の領地を安堵される
1590 年	南部信直、小田原に参陣し秀吉に謁見。 大浦の謀反を訴えるが聞き入れられず
1591 年	跡目相続に不満だった九戸氏が蜂起。豊臣軍の援軍を受け鎮圧
1594 年	大浦為信、堀越城（弘前市堀越）に移る
1597 年	盛岡城の築城が開始される
1603 年	現在の弘前城の築城が始まる
1617 年	三戸南部氏、八戸南部氏から下北の支配権を接収。 名実共に宗家としての地位を固める

※各種資料より作成

戦争だけではなく政治も強い為信

こうした南部のグダグダに乗じ、大浦為信は実に巧妙に動く。秀吉による天下統一事業の完成をいち早く読んだ為信は、秀吉に使節を送り津軽の支配権を認めさせ、南部による「大浦は反乱者だ」という訴えを封殺。その後九戸氏の反乱に際しては、秀吉軍の一員として参加するという、かなり強烈なことまで行っている。

南部からの完全な独立は名前にも現れており、名乗りを源氏から藤原氏に変更し、後に名字も津軽氏へと改称。まさしく、名実共に独立勢力となったのである。

豊臣、徳川の抗争に際しても、石田三成、徳川家康双方と縁戚になり、どちらが勝っても対応できるようにするなど巧妙に立ち回った。しかし、やはりこれだけの性急な独立には無理があったのか、為信の晩年からしばらくお家騒動が頻発。弘前城（当時は高岡）の築城も、津軽家内の反乱によって仕方なく行われたそうだ。こうした騒動があるものの、津軽弘前藩は幕末まで続いてたのである。

津軽為信は本当に裏切り者だったのか

津軽為信独立劇は、南部サイドと津軽サイドの記述が食い違いすぎて正直何が本当なのか良くわからない。が、こうして経緯を見ていくと、やはり強引に独立でもしないと生き残れない状況にあったのは、ほぼ間違いないのではないかと思えてくる。

それ以外にも、こう考えてみたら面白いかもしれない。為信は大浦氏を継いだが、生まれは久慈氏だというのは先に記した。この久慈氏も南部一族とされているが、安倍氏系統の久慈氏もあったらしい。これまで見てきた通り、武家や豪族は結婚したり養子を迎えたりでしょっちゅう混ざり合うものなので、もしかしたら津軽（大浦）為信には、「俺は津軽の支配者安東の末裔」の意識があり、侵略者南部から津軽を「開放した」というのはどうだろう。事実が良くわからない以上、こういうロマンもありなのでは？（だから歴史は面白い!!）

津軽藩の礎を一代で築いた津軽為信。南部一族のはずだが、戦国時代末期に南部宗家から離れ、抜群の政治力で独立を果たした知将だ

北海道貿易で栄える青森
幕末にはまたも津軽が寝返り

豊かな弘前藩と貧しい八戸藩？

もともと青森県は西の津軽と東の太平洋沿岸で分かれていて、江戸時代には津軽の弘前藩と南部の盛岡藩の支藩八戸藩に区切られていた。そこに自然環境を加え説明すると各藩の状況が見えてくる。

太平洋側は夏でも気温が低く、また、山がちな地形で米作に向く土地が少ない。この時代の「豊かさ」とは、基本的に米が収穫できるかできないかが基準なので、広大な平野を持つ津軽に比べ、南部が貧しかったのは確かである。

これを明確に示すのが、江戸時代の「一揆」発生数である。一揆とは、本来同盟関係や同一目的のために集まった集団などを指す言葉だが、江戸時代には農民反乱の名称として使われた。凶作などで収穫量が激減し、それでも藩政府はいつも通りの年貢を取ろうとする、そうなると一般の農民は必然的に飢える。これに対する武装闘争が江戸時代の一揆だ。盛岡藩・八戸藩の一揆発生数は江戸時代を通して全国トップで、つまりそれだけ経済基盤たる農業生産力が弱かったということの証明だろう。

対して津軽藩は、確かに1783年に発生した天明大飢饉などで大きな被害を出したこともあるが、南部領に比べれば安定していたようだ。江戸時代初期に弘前藩は4万7000石ということになっていたが、現つがる市に広がる新田などの開発もあり、一説には幕末期には実質27万石（34万石とも）にまでなっていたといわれる。

また、江戸時代は北前船など、北海道交易が盛んになった時期だが、この本州側の重要港が青森、深浦、十三湊にあり、これらはすべて弘前藩領だ。八戸なども海運の拠点であったが、江戸時代の海路は日本海側が主流であったため、貿易の恩恵は、やはり弘前藩のほうが多く享受していたのである。津軽がメチャクチャに豊かだった、というわけではないのだが、やはり南部領に比べれば、

江戸時代の主要貿易路となった北前船。北海道と大阪を結ぶ日本海航路の主要港をもつ津軽はこの恩恵を大きくうけることができた

経済力は津軽がだいぶ上だったようだ。

南部と津軽の対立は幕末になっても続く

経済力では勝っていた津軽だが、「格」の面では南部が上だった。江戸時代初期の石高は、南部10万石（盛岡8万・八戸2万）に対して津軽4万7000石（弘前4万5000・黒石2000）で、実際の経済力はともかく、倍近く南部が勝っていた。

しかし18世紀末、北海道近海にロシア船が来航するなど、海防の必要性が生じた際、直近の弘前藩は北海道防衛を任じられる。これに対して家格が引き上げられ、10万石ということになる。制度上の石高が低ければ、色々と費用がかかるので弘前藩にとってこの家格向上はありがた迷惑だったろうが、これに黙っていなかったのが南部である。

これまで「裏切り者」津軽が存在していても、「格下」であったからまだ我慢していたのに「格上」になられては我慢ならない。猛烈な運動を開始し、20

万石に家格は向上。再び津軽の上に立った。とはいっても領土は弘前と同様にこれっぽっちも増えていないので、単に負担が倍になっただけである。ただでさえビンボーで困っていたはずなんだがねえ……。

しかしこの「運動」は笑い事ではない。南部は必死だったのだ。積年の恨みもあり、この間盛岡藩士による津軽家当主「狙撃事件」なんてものまで起きている。幕末の動乱期にも遺恨は表面化。当初、新政府の方針に異を唱える奥羽越列藩同盟に津軽、南部共に参加していたが、津軽は今回も情勢を正確に分析し、早々に同盟から脱退。しかし新政府側にも同盟側にも上手く話を回し、巧妙に立ち回った。これらの行動は愚直に戦い抜き、残酷にも敗者の側に立たされてしまった南部とはまたも対照的であった。ついには野辺地で津軽・南部の小競り合いも起き（野辺地戦争）、両者の遺恨は最後まで解消されなかった。

南部・津軽抗争史②

1625年	津軽から江戸への廻船運航許可
1626年	弘前藩により青森の開発が始まる
1633年	南部家が盛岡に本拠を移す
1664年	南部藩が分藩（盛岡8万石・八戸2万石）
1672年	弘前藩から大坂への城米廻漕を開始
1717年	檜山騒動勃発。南部衆による津軽衆の殺害事件
1783年	天明の大飢饉
1793年	ロシア船来航を受け、盛岡・弘前両藩は松前警備に当たる
1807年	北海道警備中の弘前藩士が寒さと栄養失調により多数死亡（津軽藩士殉難事件） エトロフで盛岡藩士とロシア人が小競り合い
1808年	弘前藩が高直しにより10万石に 盛岡藩、津軽藩に続いて20万石に高直し （両藩とも領土の変動はなく、家格が上がっただけ）
1809年	津軽分家黒石家が1万石に増え、支藩黒石藩が成立
1821年	元盛岡藩士による津軽藩主狙撃未遂事件（相馬大作事件）
1832年	天保の飢饉
1868年	戊辰戦争勃発。奥羽越列藩同盟が結成され東北諸藩は新政府軍に対抗するが、秋田（久保田）・弘前などが離脱。 戦争は新政府軍の勝利に南部領の野辺地に津軽軍が侵入（野辺地戦争）。 戦い自体は小競り合い程度 南部家、敗戦により白石13万石に転封
1869年	会津藩は下北半島に転封され斗南藩に
1871年	青森県成立

※各種資料より作成

新興の港町青森が躍進
リンゴと青函連絡船が経済を牽引

鉄道と青函連絡船が青森を変えた！

青森県の始まりは、1871年の廃藩置県からだ。最初は「弘前県」だが、わずか2カ月で青森県に改称。これは、当初県庁が置かれていたのが弘前で、すぐに青森に移ったことが主な原因だ。

当時の青森県は、東北戦争で大きな痛手を負った斗南藩、盛岡・八戸藩を経済力が高い津軽藩と合併させることで救済するという目的もあったため、県全体としては未だ厳しい状況にあった。

これらが本格的に回復しだすのは明治の中頃。東北本線が東京の上野から青森まで開業し、物流路の整備が進んでからだ。しかしこの後も、1896年には三陸海岸を津波が襲い、１９０２年には有名な八甲田雪中行軍遭難事件が起きるなど、さまざまな事件が青森を襲ったのである。時代が大正に移っても、１９１３年には史上まれに見る大凶作が東北を襲い、昭和９（１９３４）年にも大凶作。この時には困窮した農家の女性が大量に身売りをするなどの社会問題が起きる。軍の若手士官によるクーデターである二・二六事件などは、こうした状況に有効な手を打てない政府に対する義憤が引き金となったのである。

本格的に状況が好転するのは戦後に入ってからだ。１９０８年に開業していた青函連絡船は、旧来の海路による北海道物資の輸送から、鉄道を組み合わせた効率の良い物となり、さらにこの時期発展した観光にも利用された。従来は物流を中心としたビジネス用途が主だった「中継基地青森」は、観光の中継地にもなる。当然、東京などから鉄道で北海道に向かう人は、船に乗り換えるために青森県内で降車するので、この時期にはホテル業を始め、青森県内の観光産業も多いに賑わったのである。

リンゴとニンニクが青森を豊かにした

一方、従来の主力であった農業も戦後大きく発達した。まず米は、明治以降たゆまなく進められてきた品種改良が徐々にその成果を上げ、津軽平野を中心とした穀倉地帯は、それまでに比べ、気候変動の影響を受けにくくなり、大きくその生産量を増やした。

しかし、これは日本全国にいえることなのだが、こうした品種改良などによって米の生産力が飛躍的にアップしたことで、今度は「米が余る」という状況を迎えてしまう。「減反政策」などという、米の生産調整、というか事実上の生産禁止政策が採られた結果、それまで米さえ作っていれば、的な日本農業は大きなダメージを受けることになってしまった。

しかし、青森はこれにも上手く対応できた方だろう。明治の初めより、青森は県を上げてリンゴの生産を始めており、「寒いところほどウマイ」リンゴの産地として有利な青森は、リンゴの一大ブランド地となる。

また、米にもリンゴにも不利だった東部にも変化が起こる。ニンニクの生産だ。ニンニクは、基本的に「秋植えて春収穫」な作物なので、冬の農閑期に栽培するのに適していた。これが本格化したのは1960年代。福地村で「福地ホワイト6片種」という、一粒の大きいニンニクが生産され始め（一般的なニンニクは12片）、これが田子、そしてその周辺に広がり一大ブランド化。食生活の多様化が進んだ戦後の日本において、中華・イタリアンという定番外食料理に欠かせないニンニクは飛躍的に需要を伸ばした。他にも長いもや八戸港のイカ漁など、さまざまな産業が発展した。

八戸を中心とする東部の沿岸部では工業化も大きく進み、昭和の青森は大きく発展することができた。しかし、さらなる効率化を求めて1988年に青函トンネルが完成。これにより、大きな武器であった「連絡船の中継基地」としての機能を失ってしまう。ここから、またも青森は苦闘を強いられることになるのである。

青森県コラム

青森県と北海道の深い関係 1

青森県と北海道のつながりは深い。石器時代から黒曜石の貿易関係があったし、現在でも本州と北海道をつなぐ中継点は青森。しかしその関係性はというと、なかなか難しいものがある。

古くは、奥州藤原氏が滅亡に際して北海道に逃亡し、再起を図ろうとしたという説がある。奥州藤原氏が北海道貿易を行っていたのはほぼ確実視されており、「領土」や「同盟者」が北海道にあった可能性は高い。跡を継いだ安東氏も北海道とはかなり深い関係があったようだ。安東氏は青森県から秋田県までを支配した大名だが、その支配力は北海道にまで及んでおり、鎌倉時代には「アイヌを率いてモンゴル軍と戦った」などという説があったりもする。

松前などの南北海道に安東氏の拠点があったのは完全な事実で、安東氏の内

部抗争・南部氏との戦いに際しては、敗北した青森の安東氏（秋田の安東氏は健在）が北海道に逃亡している。

さて、ここからが本格的な「北海道の受難」の始まりである。北海道に逃れた安東氏は、もともと鎌倉以来の「蝦夷総大将」であったことから現地のアイヌ諸族とは支配関係、ないしは同盟関係にあった。南部氏と対立していた安東氏ではあったが、先に述べた通り、その実情は複雑怪奇。安東氏の配下には南部一族や親戚筋にあたる甲斐源氏系の武将もいた。この中の武田信広という人物が、安東氏の命の元に蠣崎氏を相続（もともとの蠣崎家も甲斐源氏系で安東氏の婿となっていた）。アイヌ諸族と抗争、または同盟関係を結び地位を拡大。最後には安東氏から独立し、松前氏を名乗る北海道唯一の大名となっていくのである。

松前氏の力が強まると、大戦争になれていないアイヌの地位は低下。ついには被支配民となってしまい、搾取の対象になる。甲斐源氏は故郷の甲斐（山梨県）のほかに、若狭（福井県）や安芸（広島県）にも勢力をもっていたので、そのネットワークを活かし、日本海側の海路で交易を行ったようだ。もちろん、南部も津軽も甲斐源氏系。大間、十三湊、深浦、青森などは、この「ネットワーク」に含まれる港であった。

北海道は、公平な目で見て「日本に侵略された」土地である。その「侵略」の主力は、安東やその配下であった松前（蠣崎）という「青森勢力」だ。もともとはただの交易相手を「支配」した歴史があるという事実は、青森県民なら知っておくべきではないだろうか。

第2章
青森県人って どんなヒト？

今でも相容れない津軽VS南部VS下北の人々

出身県より出身地方　3地域の関係性とは

第1章でも解説したように、津軽藩と南部藩は戦国時代から歴史的に対立を続けてきた。この対立意識は現在でも残っているようで、例えば青森県民と知らずに出身地を尋ねると、「青森県の○○（都市名）です」と答えることが多いといい、これはつまり「青森県」としてひとつにまとめてくれるな、という意思の表れでもある。出身地を都市名で答える例は全国各地で聞く話だが、大抵は「県よりも都市名の方が有名だから（名古屋、仙台など）」という場合が多い。一方、青森の場合は青森市はともかく弘前市、八戸市のネームバリューは全国区とまではいえないワケで、住民もそれを理解しているから頭に〝青森県の〟と付けている。ある意味説明をややこしくしているのだが、それでも「一緒にしてくれるな」の方が強いのだ。

津軽と南部の対立はご存じの通りとして、では下北はどうか。藩政時代は南部藩の一員ではあったが、実はあまりにも僻地であった下北は、流刑地として扱われてるケースもあり、そうした経緯があるから八戸を中心とする南部の一員とも言い難かった。陸奥湾沿岸や津軽半島とは海路で行き来しやすかったこともあり、どちらかといえば津軽に対するわだかまりは少ないのだ。ただし南部地域とも反目し合っていたワケでもないから、津軽と南部の争いを傍観する立場（蚊帳の外とも）といっていいだろう。余計な争いには加わらず、黙々と働くのが下北人だ。

また、近代に入って新たに生まれた対立もあり、それは同じ津軽地域の青森市VS弘前市による「都市の格」争い。戊辰戦争の際、函館攻めのために作られた急ごしらえの港町が、廃藩置県によって県都となってしまったおかげで、歴史ある城下町・弘前は「県都をかすめ取られた」という意識を持つ（たった19日だけ県都ではあった）。もっとも、対立関係にある津軽と南部、そして下北をひとつの県にまとめるというウルトラCを実現させるためには、立地的にもど真ん中かつ歴史的背景を持たない都市・青森市の存在が必要だったという事情もある。文化も気質も異なる3地域をまとめるには、歴史の無い新興の都市・青森市はちょうど良かったのだ。

振り向けば津軽衆!? 異なる独自の風習

南部、津軽、下北の気質をまとめてみたが、一見して「ポジティブ、アッパーな津軽」「ネガティブ、ダウナーな南部」な特徴がある。津軽平野があるために稲作中心だった津軽地方は、農耕民族特有の大らかさを持ち、牧畜、漁業が中心な南部・下北は寡黙になる。ただし漁師町というと荒っぽい気質になることが多いのだが、荒さの面では津軽が勝るというのが面白い点ではある。

方言とも違うのだが、津軽地方で使われる言葉に「津軽衆」というものがある。これは使用法により意味がふたつあり、ひとつは大勢で食事した際、皿に残ったラストひとつに誰も手を出さない状態を指して「津軽衆」という。南部

津軽人・南部人・下北人の気質

地域	気質
津軽人	陽気、派手好きな性格
	気さくで人当りもいいが、対象は東北限定。関東以南の人には人見知り
	感情的になりやすいが、ひと通り怒ると忘れる
	津軽内でも内輪もめが多い
	自分の意見を通すために意地を張る
南部人	寡黙、内向的な性格
	人見知りする
	なかなか怒らないが、一度怒ると延々根に持つ
	仲間意識が強いがやや排外的
	納得がいかないことには意地を通す
下北人	基本的には南部人気質
	南部人に輪をかけた忍従気質
	津軽に対する対抗、敵対意識は薄い
	気に掛けるのは青森市よりも函館市

※独自調べ

では見られない食事マナーのようなもので、最後のひとつには手を付けず残すことから来た言葉だ。そしてもうひとつは、一時期流行った「マーフィーの法則」のようなもので、その場にいない誰かの話をしていると、ふとその人物が現れるような偶然を指していうのだとか。「今おめの話しゃべってだんだ、津軽衆だびょん」みたいな使い方になるのだが、これが悪口だった場合はかなり面倒なことになるので気を付けたい。

また津軽地方の女性を指して「津軽美人」などともいうが、一般的には夏のヤマセの影響で日照量が少ない南部の方が、女性の肌は白く綺麗だという。調子に乗りやすい津軽人だけに、お隣で地続きの秋田を見て「おらほでもまねしてみっか」と言い始めた……のかもしれない？

言葉も風習も異なる青森のミステリー

全国レベルでも珍しい津軽弁と南部弁の断絶

東北地方全般の方言を指していう「ズーズー弁」、これは言語学的に「ひとつ仮名弁」とも呼ばれる、「じ」「ぢ」「ず」「づ」が区別なくひとつの発音となる方言のこと。他にも青森／東北の方言には単語が短く略される、とにかく濁音が多いという特徴もあり、これが他の言語圏にいわせれば「汚く響いて聴こえる」「略され過ぎて意味がわからん」ということになり、それを恥じて東北人は他地域では黙るか標準語を率先して身に着ける。

さて、他地域人が一般的に思い浮かべるズーズー弁の代表となるのが、青森の方言の中でも津軽弁。そして言語学、方言学の世界では、国内でも珍しい「方言の境目がきっぱりと分かれている地域」としても、青森は知られている。

方言など全国各地にあるものだが、よほど山深い集落でのみ使われるような言葉以外は、大抵の場合シームレスに入り混じっていくものだ（関西弁などは各地方で似通っている）。有名なふたつの方言を使う地方があるとして、その地方間には両方の方言や言い回しが混ざる地域が出てくるものなのだが、これが津軽弁と南部弁の場合はある境界を境にスパッと変化する。なんと「ここが境目」という地点まで判明しており、その地点こそが陸奥湾に面する野辺地町と平内町の境界線だ。

なぜに津軽弁と南部弁が混ざり合うことなく別の方言となったのか、そのもっとも大きな理由は奥羽山脈にある。東北地方の背骨のように、中心地を南北に貫く奥羽山脈は、その東西の交通を阻んできた。雪で埋もれる冬季はもちろんのこと、夏でも険しすぎて横断なんて容易ではない地勢だし、現代ならともかく徒歩か馬かしかなかった時代では、ますます行き来などできはしない。よって山脈の東西に暮らす人たちは、直線距離では近かろうと「別の国の住民」として交わることがなかった。

津軽弁・南部弁の違い一覧

標準語	津軽弁	南部弁
自分、私	わ／おら	わ／おれ
あなた	おめ／な／あんだ	
いらっしゃい	こいへ	おんであれ
くすぐったい	もちょくちゃい	もちょこい
恥ずかしい	めぐせえ	しょすい
だめ	まいね	わがんね
言う	しゃべる	へる
気持ちいい	あずましい	
気持ち悪い	きびわりい	いずい
盗む	あっぺる	がめる
痣ができる	しぬ	ぶちよる
駄々をこねる	ごんぼほる	
イライラする	かちゃくちゃね	
父／母	おど／あっぱ	とっちゃ／かっちゃ
冷たい	しゃっこい	しみだい
～だから	～はんで	～すけ
～だけれども	～ばって	～ども
～でしょう	～びょん	～ごった
感嘆	らぁー！	あっしゃー！

※各種資料より作成

とはいえ本州最北端にある青森だけに、山脈の北端も存在し、そこを通れば行き来は簡単。その切れ目部分こそが野辺地と平内なのだが、ここにもうひとつの理由として「関所があった」ため、やはり人々の交通は遮断されていた。ご存じのように南部藩から津軽藩が独立したことにより、両藩は長らく対立関係があり、好き勝手に人々が行き来できるような状況でもなかった。山脈越えはチェックしなくとも起こらないが、平地で繋がる藩の境界線、野辺地と平内は両藩による厳しい監視下に置かれていたのだ。

そうはいっても廃藩置県後はひとつの県だし、最近はごちゃまぜになるんじゃないか？と思うかもしれないが、近代特有の第3の理由「学区が違う」というものもあった。野辺地、平内の両町は、自治体が違うため通う学校も当然分れており、越境進学も起こりにくかったため、子供のころから津軽人は津軽弁、南部人は南部弁しか耳にせず育つ。こうした条件が合わさった結果、詳しく調査していったら、「あの家までは津軽弁、ここから南部弁」レベルで使用する単語などが変化したという。

南部地方には南部弁のほかに、下北半島で使用される下北弁も存在する。こちらの境目はというと、さすがに津軽・南部ほどではないにせよ、横浜町と六ヶ所村の鷹架沼あたりが境目となるようで、これは「まさかりの柄」を横切るような形の鷹架沼によって交通が遮断されていたのかもしれない。

さて、主な津軽弁と南部弁の違いをみてきたが、確かに使う単語は全然違う。が、一部には同じ言葉を使うもの（「かちゃくちゃね」とか）もあり、これらはきっと津軽藩誕生以前から使用されてきたものではなかろうか。

なお、城下町であった弘前で使われる津軽弁は、その他の津軽地方よりも「お上品で敬語表現も多い」という。が、それでも南部民にいわせれば「津軽の言葉は乱暴」なのだといい、確かに南部弁の方が響きが耳に優しい気もする。例えば「こいへ」よりも「おんであれ」の方が、なんとなく温かみが感じられる。でも、言葉を恥じて黙っちゃうのは南部民の方が多いというから、不思議な話だ。

青森市内では写真の様な方言をキャッチにした旗で観光アピールを展開している

「短命県返上！」キャンペーンは実るのか？

青森県民が早世するのは食生活と医者嫌いのせい

２０１３年、青森県民生協がとあるショッキングな広告を発表し話題を呼んだ。曰く「青森県の男性は一番安い給料で他県より長く働き一番早く死亡する」……。なんとも切ないこの広告は、青森が全国トップクラスの「短命県」であることに由来する。

２０１５年に厚労省が調査した「都道府県別平均寿命ランキング」によれば、青森県は男女ともに平均寿命が全国最下位に。最長寿となった滋賀県（男）・長野県（女）と比較すれば、男性で約３・１歳、女性で１・８歳の差となっている。

5年ごとに行われる国勢調査をもとに発表されているが、青森県は1965年に初めて調査して以来、ほぼ毎年男女とも最下位もしくはボトムラインに位置している。ここ最近はとくに最下位が固定位置と化しており、男性は9回連続、女性は4回連続で最下位となった。

青森県民はなぜ早世するのか？　これについては一般的に「塩分の取りすぎ」「酒の飲み過ぎ」「冬に運動できない」といった理由が挙げられることが多い。しかし長寿県・長野だって豪雪地帯だし、酒どころかつ雪国な北陸各県も長寿傾向にあるから、青森だけが冬の運動不足が原因で短命となるのは理屈に合わない。冒頭の広告にあった経済力の弱さが自殺に結び付く……というのも間違いではない（都道府県別自殺者ランキング・青森は第6位）が、やはり長寿県で知られる沖縄県も経済的に恵まれた県ではない。塩分の取りすぎというのも東日本各地の傾向だから、青森だけがとくに塩っ辛いものを食べているワケではない。

そこで具体的に死因などを調べて見ると、青森県では平均寿命というか「各年代でまんべんなく死亡率が高い」という、身もふたもないデータを発見。老人が早死にするというか、老人になる前に亡くなってしまう人が多いのだ。

死因として高いのはガン、心筋梗塞、脳卒中、そして自殺。最後を除けばこまめな健康診断や生活習慣の改善でなんとかなりそうな気もするが、青森県は全国的にみても医師数が不足しているという。また県民の側でも健康診断の受診率が低く、さらには症状が悪化してからでないと病院に行きたがらない「医者嫌い」な傾向も。多少の不調は我慢してしまい、いよいよ耐え切れずに通院してみれば手遅れというケースが多いのだ。

そして死因の大半となる生活習慣病の原因となるのが、一般的にいわれている短命の理由である「塩分過多」だったり「飲酒量の多さ」「運動不足」で、さらには若年層の肥満率の高さも後々の寿命に影響を与えているという。

県でもこの不名誉を返上すべく、2030年までの成長戦略「未来を変える挑戦」の課題として「健康長寿県プロジェクト」を実行中。医療面での人員、設備の充実はもちろん、病気の予防を重視したシステム作り、若いころからの運動促進などに取り組んでいる。

実は現在の長寿県・長野もかつては青森と同じように、生活改善や野菜食の

都道府県別平均寿命ランキング

順位	男性		女性	
	2015年	2010年	2015年	2010年
1	滋賀県（81.78歳）	長野県（80.88歳）	長野県（87.675歳）	長野県（87.18歳）
2	長野県（81.75歳）	滋賀県（80.58歳）	岡山県（87.673歳）	島根県（87.07歳）
3	京都府（81.40歳）	福井県（80.47歳）	島根県（87.64歳）	沖縄県（87.02歳）
46	秋田県（79.51歳）	秋田県（78.22歳）	栃木県（86.24歳）	栃木県（85.66歳）
47	青森県（78.67歳）	青森県（77.28歳）	青森県（85.93歳）	青森県（85.34歳）
全国平均	80.75歳	79.59歳	86.99歳	86.35歳

※厚生労働省発表、国勢調査結果より作成

啓発などに努めた結果、徐々に平均寿命を延ばしてきたという経緯がある。つまり「しょっぱいものを減らして野菜を取りましょう」「健康診断を受けましょう」といった、ごくごく当たり前で地味な取り組みこそが重要なのだ。

逆にいえば、これまで青森県民はどれだけ好き勝手に飲み食い、ダラダラしてきたか……ということにもなってしまうのだが、まあこれから気を付けるということで。喫煙率も全国トップクラスなので、ついでに禁煙もしてみては？

20億円の寄付は「しびれを切らせた」結果？

２０１８年1月17日、青森市が驚愕の事実を公表した。なんと、「短命市返上」を目指す取り組みに「役立ててほしい」と、とある個人から20億円もの寄付を受けたというのだ。

青森県は前述の通り、日本最強の短命県であるが、その中心たる青森市は県内ワーストの「短命市」。全国市町村ではワースト4位である。

この寄付者は、意向により公表されていないが、寄付を行った後、小野寺晃彦青森市長と数度面会。その中で、短命市返上への取り組みとして、運動施設「アリーナ」の建設構想が浮上したという。

しかしこのアリーナ構想、実は青森市にとっては渡りに船のもの。青森駅周辺の再開発事業として、アウガや青森ウォーターフロントをはじめ各施設ができているが、他のエリアでは頓挫した計画もあった。それが、青森市浦町の青い森セントラルパークに建設する構想で進んでいた、「低炭素型モデルタウン事業」だ。

「低炭素型モデルタウン事業」とは、簡単にいうと、地球温暖化の要因のひとつとされる二酸化炭素など、既存のエネルギー利用に付随して排出される温室効果ガスを減らし、再生可能エネルギーなどの新技術を最大限に活用した「エコタウン」を作ろうとしたもの。モデルタウンとあるように、これは多分に実験的なもので、ここで効率の良いエネルギー活用、自動車の利用を減らし、鉄道など公共交通機関のみの利用で快適に暮らせる生活スタイルを目指し、ここで確立したノウハウを、県内各地に波及させようとしたわけだ。

しかし、2010年にまとめられたこの計画は、2011年にはやくも頓挫してしまう。モデルタウンの建設が予定されていた地域は、元々国鉄の操車場だった土地。青森県と青森市はこの21・5ヘクタールの土地を購入し、そのうち約半分にあたる約13ヘクタールを「暫定的に」青い森セントラルパークとして解放していた。

で、念願の実験都市事業の計画がスタートし、大和ハウス工業を中心とする企業連合が優先交渉権を獲得。本格的な「実験」を始める準備が整った。しかし、準備が進む中、青森の商工会議所や地元住民からの反対意見が強まっていく。事業は、この公園のうち一部の地区だけで始められる計画だったが、市民は「公園をなくしてしまう」と「誤解」されることもあったという。それ以外にも、各地で進む住宅開発の「競争相手が増える」ことを嫌った業者や、東日本大震災で避難地や仮設住宅の用地を確保する必要性を求める声があった。これら反対の声の前に、計画は撤回に追い込まれてしまった。

モデルタウンは、住宅地の開発で資金を確保し、それを青い森鉄道の新駅や、再生可能エネルギー、自然エネルギーの活用ノウハウ開発に使う予定だった。確かに、そんな「素晴らしい街」ができてしまっては、他の住宅地の魅力が相対的に低下するのは必定。業者の懸念もわかるというものだ。

さて、今回の20億円は、そうした批判の声をかわす形になっている。スポーツや催事を行えるアリーナは、公園に一体化して「あってしかるべき」施設だ。他にも、食育など短命県、短命市返上事業にも使われるという。

ただ、アリーナ建設の費用は70億円程度が見込まれているという。青森市にはそれ以前にも、これまた匿名の5億円の寄付があったのだが、それを足してもとても足りない。少なくとも、モデルタウンとアリーナでは、青森の未来を作る、という意味では後退といえるし、利益を生み出す仕組みでもなくなってしまった。

週刊誌などの取材によれば、この20億円を寄付したのは、県内の某業種チェーン経営者だと予測されている。確かに、県内チェーン店で、同業の大手チェーンに事業を売却した会社がある。ここで得られた莫大な売却益には、これまた巨大な税金がかかる。寄付者にしてみれば、節税と地元貢献の一挙両得、という意味で、寄付を行う意味はある。あながち的はずれな予測とはいえないだろう。

まあ、そこは百戦錬磨の企業家だ。節税、地元貢献をしつつ、さらにアリーナ建設にも一枚噛んで、さらなる利益を、くらいは考えてしかるべき。どちらにしても、儲かりつつ地元の役にたつのだから、こういう「仕掛け」はバンバンやってもらいたい。まあ、先進的なモデルタウン事業の復活になってくれたほうがいいような気もするが、あまり贅沢はいっていられない。まずはよしとするべきだろう。

過疎化と高齢化で街がなくなる!?生き残るにはコンパクト化が必要

特に危険な下北半島と津軽半島北部地域

少子高齢化は全国に広がる問題だ。特に青森県を含む東北地方は深刻で、このままではいずれ東北地方は「消滅してしまう」のではないかともいわれている。青森県で、特に危険なのは下北半島と津軽半島の北部地域だ。これらの地域は歴史的にも「僻地」で、特に下北半島は農業に適していない地域が多かった。津軽半島北部は人口自体が少ないのだが、それでも外ヶ浜町や今別町の「数年で半減」というのは尋常ではない。

高齢化の進行も同じレベルで、下北半島では2000年から2010年までの10年間で、高齢人口が19・5パーセントから25・8パーセントと6パーセント以上も上がっている。この傾向は現在も加速中で、例えば横浜町では2030年には高齢者人口が40パーセント近くまで上がるという。

これに対しては、各自治体ともに企業誘致などで雇用を確保し、生産人口の確保、または比率アップが必要だ、と訴える。

だが、本当にそれが正解なのだろうか。確かに、過疎化が進む地方に対し、東京などの都市圏では逆に引きこもりやワーキングプアなど「人余り」が進行している。これはIT化の進行などにより、従来よりも少ない人手で業務ができるようになったことや、企業がより安価な労働力を求めて海外に拠点を移したことなどが大きな要因だが、一方でもともと地方にいた人々が都市圏に集まりすぎたことも、大きい。であれば、集まりすぎた労働人口を地方に移す、というのは確かに理にかなっている。だが、人間は統計上の数字だけで動くものではない。地方に人気がないのは、働き口が少ないこともあるが、大きなものは生活環境が都会に比べて不便だったり、娯楽が少なかったりという要因もある。単純な企業誘致だけでは、というかこのあたりに対するケアがなければ、企業誘致自体も難しいのではないか。

コンパクトシティ構想が過疎化対策の決定打？

現在、青森市は「コンパクトシティ化」という構想を進めている。これは、「住まい、職場、学校、病院、遊び場などさまざまな「機能」を、都市の中心部にコンパクトに集めることで、自動車に頼らず、歩いて生活することのできる」まちづくりという思想だ。青森市の主張では、豪雪地帯である青森県で発生する除雪費用の削減、狭い範囲だけのケアになれば充実する上下水道の整備、郊外化の進行により発生する自然破壊の停止、などがその効果だという。

確かに、青森市は郊外化の進行で、中心部の空洞化が起こっている。除雪が必要な道路は2000年代に入って200キロ以上も増えたという。これを中心に集めてしまえば、というのは非常に論理的だ。

だが、これは大都市たる青森だけに限った話なのだろうか。過疎化が進む各地に必要なものではないだろうか。

地方行政の課題として、大きなものに住民サービスがある。各地に人がたくさん住んでいれば病院やら公民館やらを作っても費用対効果が保たれるが、人口が減ってバラバラになってしまったらどうにもならない。これを解消するのが住民を1カ所に集め、行政サービスや商業・娯楽施設を含んだ新しい「街」を作るのがコンパクトシティである。五所川原にできたエルムの街などは、実際そのひな形といえるだろう。

小さな街に人が集まっていれば、企業誘致も楽になる。大規模な工場なども、郊外に人が住んでいなければその土地を利用できるし、通勤路の確保の一本化できる。小さな街とはいっても、数千から数万の人口を抱えた土地だし、それ以上の人員を収容できる住環境を整えておけば、規模の拡大も容易。やはり、青森市のような大都市だけではなく、むしろ過疎化の進む地域こそ、コンパクトシティ化が急務なのではないか。

しかし一方で、このコンパクトシティ化が進むと、実際問題として多くの街が消滅するという悲劇を伴う。正直過疎が進む自治体では、拠点はひとつ作るのが精一杯。たとえばむつ市なら、大浦に大規模なマンション建築をした上で全ての人を集め、そこからの通勤手段を確保する、という形になる。農地にも、大浦から「出勤」するのである。それ以外の土地は、観光資源地に最低限の施

コンパクトシティってどんなもの？

コンパクトシティの定義
・郊外化を抑制 ・市街地のスケールを小さくし、生活圏を徒歩圏内にする
郊外化のデメリット
・車の運転ができない高齢者が生活できない ・無秩序な開発による環境破壊、自然破壊 ・生活圏の拡大により、道路、上下水道整備コストが増大
コンパクトシティのデメリット
・すでに発展した郊外を見捨てることになる ・郊外住居の利点であるゆとりのある住環境が保証できない ・合併によって中心部からはずれた旧自治体の街が消滅する ・商店街の再構成や再生が困難

※財務省『コンパクトシティとこれからの国土』より作成

設を残し、それ以外はすべて自然に帰すということであろう。

正直、こんなことをしたらそれは抵抗が大きいだろうし、歴史ある街や村がなくなってしまう。だが、「そんなこと」はいっていられない」のも青森の「現実」なのである。

津軽のねぶた・南部の三社大祭
大事すぎる青森の夏祭り

異常な程に熱くなる県民の祭り事情

東北の夏、特に青森の夏は非常に短い。ようやく梅雨が明ける7月後半から、お盆を迎える8月半ばで、いわゆる夏は終了。もちろん年によって多少は長かったりさらに短くなったりするものの、大抵は「真夏！」という時期は1カ月あるかないかという短さだ。その分、青森にとっての夏真っ盛りとなる8月上旬には、各地で夏祭りが一気に開催される。青森県民は、夏のこの時期ばかりは地域対立など忘れ、西でも東でも祭りで大騒ぎするのである。

青森県を代表する夏祭りといえば、なんといっても「青森ねぶた祭」だ。何を言うか！　といきり立つ衆もいるだろうが、ここは観光客の入込数などから判断させていただきたい。そしてこの観光面から見る場合、東北各地で行われる夏祭りというのは、実は非常に都合がよろしかったりする。

青森に限らず東北各県はいずれも夏が短く、よっていずこも真夏の祭りは7月下旬から8月上旬に開催される。なので東北以外からの観光客は、上手く日程を合わせれば一度の旅行で各県の祭りを巡ることも可能となる。

これを巧みに取り込んだのが、各旅行会社が企画する「夏の東北○大祭りツアー」で、一般的には宮城県の仙台七夕まつり、秋田県の竿燈まつり、そして青森県の青森ねぶた祭が「3大祭り」としてパッケージされる。順番としては8月1週目に開催される青森ねぶたを皮切りに、同じく1週目に行われる秋田竿燈まつりを見て、最後に仙台七夕（8月7日前後）でフィニッシュ。ほかには山形県の花笠まつりや福島県のわらじまつり、岩手県の盛岡さんさ踊りが組み込まれることもあるし、豪華に「東北5大祭り」とかで複数組み合わされることもある。また、青森県だけでも「青森3大祭り」として青森・弘前・五所川原の各ねぶた／ねぷた祭りを巡ったり、いずれかの代わりに八戸の三社大祭を加えたりして、盛んに観光客を誘致している。

このパターンの際たるものが、東日本大震災の復興支援事業として生まれた「東北六魂祭」で、その名の通り東北6県から自慢の祭りを呼び寄せて、1都市ですべてを見せましょう！　というものだ。こちらは時期的にはやや早く、5月から7月と開催時期も年度ごとにバラバラなので、夏祭りというよりは地域おこしイベント感が強め。2011年7月の宮城開催から、盛岡、福島と被災地で順次開催され、2014年には被災県ではない山形市での開催も実現。残る秋田、青森と続いているが、資金調達の面で存続が危ぶまれている点が心配である。

これらの東北の祭りは、東北新幹線が青森まで延伸し、山形、秋田にも新幹線が開業したことで、一気にアクセス面が改善されたため、ドル箱の人気ツアーと化している。中でも青森で開催される各祭りは、短い夏を謳歌する青森県民の盛り上がり方が凄まじいおかげで「東北でももっとも活気ある祭り」が見られるとして大人気だ。また真夏といっても夜は比較的過ごしやすいこともあり、避暑を兼ねての東北旅行ニーズともマッチしている。2007年の調査結果では、青森ねぶた祭の経済効果は約497億円と6大祭りではトップ（七夕まつりは332億円）、入込客数も仙台七夕に次ぐ2番手だというから、その人気は本物だ。

地元の祭りに全力投球

青森三大祭りとして挙げられるのは、青森ねぶた祭、弘前ねぷたまつり、五所川原の立佞武多。県民なら承知のように、いずれも巨大で勇壮な山車が街中を走る祭りなのだが、山車の形状の違いが特徴となっている。また、この3大ねぶた／ねぷた以外にも平川ねぷた、黒石ねぷた、大湊ネブタなど南部地方以外の各地で派生の祭りが開催されており、開催時期はやはり8月上旬。規模の大小をすべて含めれば、県内では約30前後のねぶた／ねぷた祭りが行われる。

これだけ多く開催されているにもかかわらず、南部地方では皆無というのもまた、南部の「じょっぱり」が表れているようで面白い。津軽の祭りなんてマネできるか、ということで、南部民の夏祭りといえば八戸の三社大祭と相場が決まっている。

三社大祭も大きな山車が特徴だが、いわゆるハリボテを引き回すねぶたと異なり、飾り付けは豪華ながら小さな人形を多数飾り付けた山車を引く。近年では山車が可動式となっており、上下左右に大きく広がるような山車が増えている。また純粋な祭りというよりは、法霊神社・長者山新羅神社・神明宮の3つの神社に対する神事という面が強い。とはいえファンサービスが意外にも旺盛で、観光客も一緒になって山車を引く事ができる。ねぶた、ねぶたも同様で、これが青森県の祭り人気の一因かもしれない。

ねぶたエリアとなる下北半島にも独自の夏祭りが存在し、北前船により伝えられたという京都・祇園祭の流れを汲む、むつ市の田名部まつりも有名だ。やはり山車を引く祭りだが、その山車には舞子さん（の格好をした地元の子供）が乗っていたりする。

山車を引く祭りばかりではなく、日本三大流し踊りとして知られているのが黒石よされ。津軽三味線に合わせて、路上を踊り流す（行進する）のが特徴となる。

先述のツアーの話ではないが、これだけ夏の一時期に集中して祭りがあるのだから、県民もいろいろな祭りを楽しんでいるのかといえば、答えはＮＯだ。小規模なものはともかく、各地では巨大な山車を引くのが特徴の祭りが多く、その制作には長ければほぼ1年かかったりするため、各地の住民は地元の祭りの準備のために忙殺され、祭りが終わったらしばらくは燃え尽きる。よその祭りを楽しんでいる暇などないのだ。これは、青森県民がいかに夏祭りを楽しみにし、熱く激しく燃え上がるかを物語っているともいえる。

ただ、それが高じて好き勝手に暴れ回る迷惑者「カラス族」の問題も起きている。ただ、こうした不埒者は津軽ばかりに出没し、南部の三社大祭では見られない（ねぶたは基本的に誰でも参加でき、三社大祭は氏子のみなので、ある意味当然だが）。このあたりにも、派手好きで開放的な津軽気質と、寡黙で生真面目な南部気質の違いが表れているのかもしれない。

同じ「燃える祭り」でも、そのスタイルは津軽と南部で大きく異なっているのである。

青森市、五所川原市などは、ねぶた/ねぷた関連の大規模な施設を作って万全の売り出し体制を整えている

毎年7月31日から8月4日まで行われる八戸三社大祭。大規模なねぶたほどではないが、100万人規模の動員を誇る巨大な祭りだ

祭りの時だけ一致団結!!
男女合体で未来は明るい!?

日本中で人口は減少　とくにヤバいのが東北

少子高齢化の問題が顕著となり、年々減り続ける日本の人口。このままでは労働力の不足などで国が持たなくなる、といった理由から移民の受け入れを開始しようなどという動きも出てきたほど（ブラック企業では移民だって逃げ出す気もするが）。だが、現実には都市部よりも地方部の方がより深刻な人口減の問題を抱えている。

総務省統計局調べでは、最新値の２０１４年８月１日調べでの日本の人口は、前年同月と比べ約21万人のマイナスに。また２０１３年10月調べの都道府県別人口増減率では、全国ワースト１が秋田県で前年からマイナス１・１８パーセント、そしてワースト2位が青森県でマイナス1・04パーセントとなっている（全国平均ではマイナス0・17パーセント）。ちなみにマイナスが1パーセント以上となるのはこの2県のみで、45位（ワースト3位）には山形県、42位に福島県、34位には岩手県だから、東北各県は宮城を除いて人口減が激しい地域となっている。福島県に関しては東日本大震災が理由となる大幅な人口減を記録し、その後も避難民の問題などで人口流出が続いているという問題はあるが、影響の少なかった秋田がワーストという点を見ても「東北はヤバい」といってしまっていいだろう。こういう調査でも例外扱い、唯一人口を増やしている宮城県（6位、プラス0・11パーセント）は本当に東北の県なのかと疑いの眼差しを向けたくなる。震災県でこの数値は驚異的でもある。

仕事も娯楽もないけども祭りがあるから問題なし

地方ほど人口が減る理由、それは単純明快で「雇用の少なさ」が大きく、基本的には地方のふるさとを捨てて仕事のある都市部へと流出していくことになる。

農業、漁業など第一次産業が主な地方部では、後継ぎ問題もある。ツライ肉体労働、かつ気候によって収支も安定しない農業を嫌がり、親の代で廃業してしまうケースが相次いでいる。逆に仕事の無い他地域の若者を積極的に受け入れようという動きもあるものの、テキトーなバイトと違って誰でも簡単にできる仕事ではない。

また大きな理由とまではいえないが、「娯楽の少なさ」も一因となる。地方民は大規模ショッピングモールに群がりがちなどと揶揄されるが、正直にいって「それぐらいしか娯楽がない」のは事実だ。

こんな状況の田舎にあって、地元民を惹きつけてやまない要素として挙げられるのが「祭り」である。青森県なら当然ねぶた／ねぷた祭りだが、土佐のよさこい、徳島の阿波踊り、博多の山笠、大阪のだんじりなど、1年を祭りの準備のために費やす、祭りのために地元を離れないという「祭り馬鹿」も多くいる。

大規模な祭りは準備も数カ月がかりであり、ねぶたのように山車の制作から団体の運営などで、地域住民は協力し合う。中でも囃子のリーダー格ともなれば、その地域でも第一人者と見られるほどの栄誉でもある。

団体も企業ねぶたなどを除けば地域単位の集まりで、中には世代の交代なども起こる。ベテラン囃子が引退するとなれば、直下の世代よりもやや若い世代のリーダー格にバトンを継ぐことも多く、その若手はそれから数十年に渡って地域のリーダーとなる。こうなると、仕事がどうの、給料がどうのというよりも「仕事や生活を祭りに合わせる」ようになり、当然ながら地元を捨てたりもしなくなる。祭りが地域コミュニティを生き長らえさせている面は大いにある。

下世話な話になるが、祭りの団体、集団のリーダー格や主力ともなれば、その地域ではそうとうモテる。祭りをきっかけにしたカップルの誕生も多く、そうして結婚、出産を経て子供も「こどもねぶた」に参加、なんて世代の継承も当然起こる。もし十代の読者がいたなら、「ダサい」なんて斜に構えずに積極的に祭りへ参加すべし、とオススメしたい。地方でヤンキー化する以外でモテたいと思ったら、祭りで名を成すか名門の野球部に入るくらいしか王道はないのだ。

夏の祭りのために生きているといっても過言ではない青森県民。各地にはこのような「準備」のための施設が祭りに備えて建っている

祭りの夜は青森人がハッスル。という俗説があるが、出生数のデータでは6月あたりに多く生まれているわけではなさそう

しょっぺ～げど　めど～ど～!!　青森めし

伝統の料理も新興も青森県の食は豊か

リンゴに代表される果樹に豊富な野菜、畜産に水産、そして米。東北といえば米所のイメージが強いが、青森の場合は米が突出しておらず、各種農作物をバランスよく生産している。農林水産省調べによる「都道府県別食料自給率」を見れば、日本全体の自給率が約39パーセントのところ、青森県は約118パーセントと非常に高い数値を記録している。これはトップの北海道が断トツの218パーセント、米所・秋田の177パーセント、山形の133パーセントに続く第4位で、しかもじゃがいもの北海道、米の秋田&山形とは異なりひとつの作物に頼らない状態での数値だから、例えば各県独立！　なんてことになったら、米、肉、野菜、魚とバランスの良い食事がとれるのが青森県なのだ。そんな青森だけに、県内各地では名産品を使った郷土料理も多い。どうも汁ものが多いのが気になるが、冬ともなれば温かいものが食べたくなるもので、気候に合わせた料理ということになる。

郷土料理というほどでもないものの、近年注目を集めているのが新興ご当地料理、「B級グルメ」。毎年1回開催される地方食の祭典「B－1グランプリ」は有名だが、青森県は2006年に開催された第1回目の開催地であり、そして2013年の第8回大会までは八戸の「せんべい汁」が皆勤賞でエントリー。第7回では念願の初グランプリにも輝いた。そして直近の第8回大会では「十和田のバラ焼き」もシルバーグランプリ（第2位）に入賞と、青森はB級グルメの宝庫でもある。

この十和田バラ焼きの躍進を見て、歯噛みをしているのが三沢。実はバラ焼きは、米軍基地では使用せず余っていた肉を使って三沢で食べ始めたのが発祥で、後に十和田でも食べられるようになってからメジャー化したのだ。

今後ブレイクが予感されるB級グルメには、黒石の「つゆ焼きそば」が。これは太めの麺を使ったソース焼きそばにラーメンの出汁をかけて食べるという独特の料理となっている。また近年のミリタリーブームで脚光を浴びているのが、むつ市大湊の「海軍コロッケ」。かつての軍港時代に食べられていたというが、牛脂で揚げること、地元食材を使うことをクリアすれば名乗れるという。出す店によって中身が違うため、食べ歩きにはもってこいだ。

他にも郷土料理とB級グルメの中間地点に位置するような青森の「味噌しょうがおでん」もあるし、醤油ベースながらにぼし出汁が強烈な「青森ラーメン」もラーメンマニアから評価が高い。他にも海沿いを巡れば、港ごとに海産物を使った丼物がどこででも食べられる。自給率100パーセント越えは伊達じゃない、まさしく食の宝庫と胸を張れるのが青森グルメだ。

ただし、豊かな食を満喫しつつ冬には家から出なくなる県民は、運動不足で肥満傾向にある。これが短命県の原因にもなっているから、野菜メインの名物料理も欲しいかも。郷土料理に汁ものが多いのは、そのままではしょっぱすぎる（塩漬け保存）から汁で薄めて食べるという理由も大きいのだ。でも醤油ベースならともかく、味噌汁も味が濃いんだよな……。

津軽の汁物といえばじゃっぱ汁。とはいっても、じゃっぱ汁は地域によって味付けや具材が大きく変わりバリエーションが豊富である

じゃっぱ汁は魚介類や鶏肉を使うのに対し、野菜がメインのけの汁も有名。最近では缶詰にもなっているのでどこでも気軽に楽しめる

田舎っぺのイメージを植えつけた戦犯は誰だ!?

おらの村はそこまで田舎でねぇど!

冬は雪に埋もれる最果ての地、住んでいるのは貧しい農民か漁師、主食はリンゴとホタテ、よく聞き取れない言葉を話す。青森県のステレオタイプなイメージを挙げればこんな感じになるだろうか。要するに「ド田舎」の典型的なイメージが青森県には存在する。

こんなイメージをもたれるようになったのは何故か、などと話をもったいぶるまでもなく、戦犯といっていいだろうというのが青森出身の歌手、吉幾三。1977年にはコミックソング「俺はぜったい！　プレスリー」がスマッシュヒット、1984年には青森はいかに田舎かを津軽弁でまくしたてる「俺ら東京さ行ぐだ」が大ヒットを記録する。「テレビもねえ、ラジオもねえ」「バスは1日1度来る」「おらの村には電気がねえ」といった、当時にしてもあまりにも強調された田舎のイメージが馬鹿受けしたが、実は舞台が青森だとは、歌詞に1フレーズも書かれていなかったりもする。「俺はぜったい！　プレスリー」では「生まれ青森五所川原～♪」と歌っていたから、合わせ技で1本といったところだ。

石川さゆり「津軽海峡・冬景色」（1977年）もイメージ定着に貢献（？）。こちらは青森駅、竜飛岬、津軽海峡などご当地キーワードがちりばめられているし、上野から青森へという「都落ち感」と着いた先が雪まみれという、都会の人々の「そうあって欲しい北国」を抜群の歌唱力と抒情で歌い上げている。が、こちらも考えてみたら、青函連絡船に乗って北海道へ渡る途中の歌だから、別に青森は地の果て、どん詰まりでもなんでもない。しかし海の向こうの更なる田舎・北海道よりも青森の閉塞した印象だけが定着した。

では青森の田舎イメージは吉幾三と石川さゆりの「責任」か、といえば、まったく逆で、むしろ県民はふたりに感謝すべきでもある。

というのも、日本の田舎な地方というのは、それこそ「都市部以外」は大体田舎。東北各県や北陸、山陰、四国や九州（福岡以外）だって田舎であり、なにも青森だけが別格の田舎ということもない。そして本当に何もない県というのは、そもそも田舎イメージすら持たれない。というよりも、本当に印象が薄くて人々の記憶に残らない。名指しで例を挙げるのも申し訳ないが、例えば2007年、自県のあまりのマイナーさに悩んだ島根県は「島根は鳥取の左側です」というやけくそ気味のキャッチフレーズでPRを開始、その2年後には鳥取県が「鳥取は島根の右側です」と乗っかった。「○○があります」的な宣伝すら打てない（やっても効果がない）という印象的な事例だ。また、同様に印象が薄く、県民すら名物を聞かれると「なんもなか」と答えてしまう佐賀県は、その何もなさ自体を自虐的に歌った芸人・はなわのコミックソング「佐賀県」でようやく全国的に認知されるに至った（公式PRも「さがしてください佐賀県」）。試しに47都道府県のイメージは何かを考えてみて欲しい。多分北陸とか近畿あたりで、イメージがわかない県があるだろう。そうした県と比べたら、青森は強烈なイメージを思い浮かべてもらえるだけマシなのである。

エルムの街からほど近い、とはいいづらい微妙に遠い場所にある
Y.C.M 吉幾三コレクションミュージアム。故郷に錦というやつか

農夫と漁師に合わせた県民のアーリーモーニング

いくらなんでも早すぎ！　ピークが朝5時の観光名所

八戸市の名物ともなっている、館鼻岸壁朝市。毎週日曜日開催、約300を超える出店があるというこの朝市を訪れるべく、前日夜に宿泊した八戸市内のホテルで「朝市は何時ごろがピークなんですか？」と聞いてみた。「5時には店は出揃ってますね。6時には店じまいを始めるところも」ピークが5時！　と聞いてたじろいで、結局雰囲気を味わえればいいかと5時過ぎに起き6時ごろに朝市到着となったが、幸いなことにまだまだ活気がある状態で、堪能する事自体はできた。が、観光客相手の側面もあるイベントで、5時がMAXというのは、いくらなんでも早すぎはしないだろうか。市内からの移動時間（バスツアーなども多い）を考えれば起床は4時台であり、前日は早寝しないとキツい。が、旅先の夜というのは酒宴が開かれがちなワケで、旅行客の行動を色々と制限してしまう。

この朝市の開始時間に見られるように、青森の人々の起床時間は非常に早い。総務省統計局による「平成23年社会生活基本調査」によれば、青森県民は平均就寝時刻が22時35分、平均起床時刻が6時19分で、共に全国1位となっている。この数値は都市部の勤め人なども含めての調査だから、一般的に早起きな農業従事者や漁師は5時台起床が当たり前、寝るのも8時、9時という生活を送っているのだ。これだけ健康的な生活を送っているのに、なんで短命なのかも疑問だが。

東北の中でも青森が断トツ早起き

この早寝・早起き傾向は、第一次産業従事者が多い（全国1位）ということ以外に、東日本の地理的条件も関係している。西日本よりも先に日が昇り、先に日が暮れる東日本では、生活サイクルも西に比べて前倒しになるのだ。調査結果を見ても、宮城を除く（また宮城か！）東北5県は就寝、起床ランクともに上位に位置している（就寝ではベスト5を独占）。

早寝早起きの県民性に合わせて、県内の商店も開店時間が早く、店じまいも早めという傾向がある。例えば一般的には朝9時から10時くらいが開店時間であろうスーパーも、青森の場合は6時、7時台から店を開けていたりする。

夜も早いから、八戸市街地の飲み屋ですら10時を過ぎればポツポツと暖簾を下し始めるし、その他の地域なら飲食店も7時〜8時くらいでほぼオシマイ。この時間間隔のズレに気付かないと、旅先なのにカップメンで済まさざるを得なくなることもあるのだ。

早朝の畑仕事を終え、ひと風呂浴びる生活

早起きの県民にとっての楽しみが、各地に多数ある銭湯、温泉での朝風呂だ。青森県は公衆浴場が多い県として知られており、総務省「統計でみる都道府県

のすがた２０１４」によれば人口10万人あたりの公衆浴場数が24・７で全国１位。温泉県こと大分が３位、桜島でおなじみの鹿児島が２位と、温泉イメージの強い県よりも上位というのが凄い。

そして早朝に一仕事を終えた県民は、そのままひとっ風呂浴びて帰宅する。車にはタオルやせっけん、シャンプーの「風呂セット」を常備しているのが当たり前で、そうした県民のために各浴場も朝６時台から開いている。取材中も観光地であろうがなかろうが、至る所で銭湯を見かけたことから、データ通りに風呂好きなのだという実感がある。近所に数件銭湯が固まっているせいで、客の取り合いに敗れて廃業したらしい銭湯なども見たが、こんな勝負が発生するのも青森くらいではなかろうか。

ただし、早寝早起きに朝風呂という健康的なライフサイクルは、食生活や飲酒、喫煙習慣などで差し引きマイナスとなり、短命県であるというのは説明済み。もうちょっと健康に気を使えばあっという間に長寿県になれそうな気もするのだが、長年にわたる不摂生としょっぱいもの好きの嗜好は簡単には直らないようだ。

やたらと「早い」館鼻岸壁朝市。南部名物せんべい汁など一般的な商品も充実しているが、よく見ると妙なものを売っている店も

地元系スーパーや個人商店は、地域のニーズに合わせ開店も早め。全国チェーンにはマネできない

銭湯の多さも全国トップで、こちらも当然早朝から営業。温泉使用の銭湯も多い

青森はパチンコ店も早い。全国的には9:30〜10:00開店が一般的だが青森は8:30開店。宮城の8:00開店に次ぐ早さとなっている

青森県コラム 2

青森は名力士を多数輩出!

青森名物はいろいろあるが、「相撲取り」の存在を忘れるわけにはいかないだろう。冬の厳しさに耐える「じょっぱり」気質が強い力士を生む、などといわれるように、青森県は初代若乃花、旭富士、高見盛に舞の海と名力士を多数輩出。津軽地方で子供相撲が盛んなことから、競技人口の多さが力士王国の下地を支えているようだ。

競技人口が多いといわれることの理由として、高校の相撲部が多いということが挙げられる。先に名前の出た中でも、旭富士(第63代横綱)は五所川原商業の出身だし、同じく横綱では、弘前実業(当時は弘前商業)出身の、第49代横綱栃ノ海も。ちなみに高見盛も同じく弘前実業だ。舞の海は木造高校出身。

現役力士では、ベテラン安美錦。彼は鰺ヶ沢高校だ。このように、横綱、大関、三役を務めるような力士を多数輩出する高校の相撲部があるという県は珍

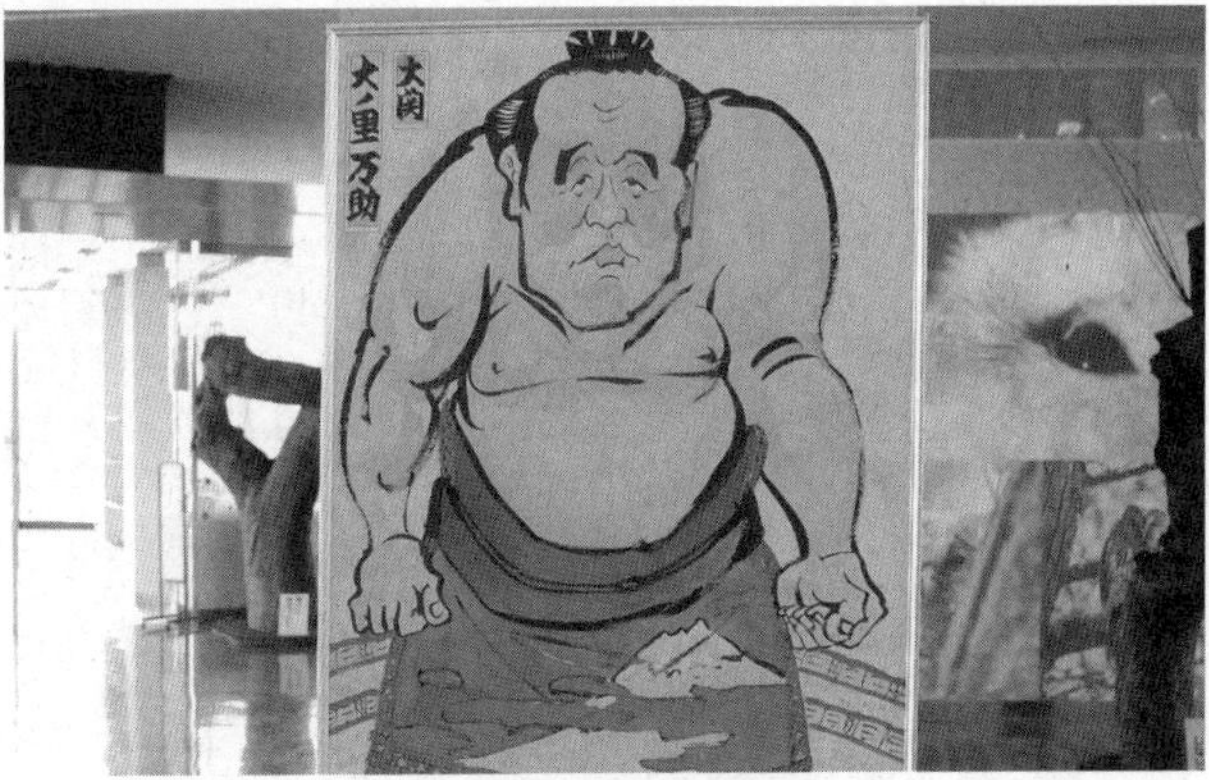

しい。インターハイでも上位の常連で団体、個人ともに1位から3位までを青森勢が占めることは珍しくない。というか歴史的には毎年青森の天下といった感じである。

　ただ、近年では国内の競技人口の減少、外国勢の進出もあって、以前のように青森出身の力士が大相撲を牛耳る、というわけにもいかなくなってきた。青森は、明治時代から現役の関取（十両以上）が存在し続ける文字通り相撲王国だが、近年では関取の数も減り、王国崩壊の危機すらささやかれた。しかし2017年には阿武咲（小結・阿武松部屋・中泊町出身）が新入幕し、以降4場所連続で勝ち越し。あれよあれよという間に三役にまで上ってしまった。小結に上がると上位力士との対戦が増え、壁に当たる力士は多いが、阿武咲は小結になった2017年11月場所で、初日にいきなり金星。その後上位勢に6連敗を喫しながら、最後には8勝7敗で収めるという見事な粘りをみせた。

2018年の1月場所では、靭帯の損傷により途中で休場となってしまったが、昔と違って今は靭帯の怪我からの「復帰率」はどのスポーツでも非常に高い。今後も阿武咲には期待をしたい。

このほか、2018年1月場所の時点で、青森県出身力士は幕内3人、十両ひとりで関取が4人、幕下以下が13人という大所帯。特に関取が4人というのは非常に優秀で、数だけは多い東京（49人）には関取がひとりしかいない。以前のようにメチャクチャ強いというわけではないが、今も大相撲の一大勢力であることに違いはない。

ときに、青森に力士が多いのは、青森の子供は慢性的な肥満体質があるため、そうした子をスカウトしているという噂もある。もしかしたら昔の津軽は米所なだけに、他県よりもたくさんご飯を食べられたから？　なのかもしれないが、まあそれは俗説というやつだろう。

第3章
一応、県庁所在地の青森市だけど

県の中心だが影の薄い青森市「県都」以外の売りはあるの？

最大の人口を抱え経済力では独走！

青森県ナンバーワンの実力を持つ県都青森市。やはり青森市の力は侮れない。弘前などに比べて歴史が浅いだけにブランド力が低いのはまあ確かだが、売りはたくさんあるのだ。

まず、基本的なところでは最大の人口、最大の経済力といったところか。特に経済力は強く、2011年の調査では、青森市の企業所得が約2294億円なのに対し、工業地帯を抱える八戸市でも約1971億、農業や観光が主体の弘前はぐっと下がって約1368億と、かなりの差をつけている。生産額で見ると、農漁業などの第一次産業とサービス業などの第三次産業は低調だが、工業などの第二次産業は20パーセントに迫る成長を遂げている。これに対して弘前は、第一次、第二次産業共に伸びているが総額では青森より遙かに下がり、八戸に至っては、総額こそ青森市に追随する数字ながら（青森市が約９８６４億に対し八戸市が約８４２０億。弘前は約５７０２億）、伸び率ではマイナス。つまり、もともとトップを走っていた青森市が、独走態勢に入っているというのが現状なのである。ちなみに、近県のライバル都市と比べると、２０１１年なので東日本大震災で大ダメージを受けた日本海側は除外して秋田市を見ると約１兆２３００億……大差で負けてはいるが、まあ青森には八戸、弘前という秋田県には存在しない「第二第三の大都市」があり、県合計では青森の約４・４兆円に対し秋田は約３・５兆円。ここでも大勝利ということにしておこう。

「ねぶた」に表れる青森市の若さと勢い

歴史が浅く、弘前のリンゴやお城、八戸の漁業と工業のようなブランドこそないが、青森市でも大規模なリンゴ栽培は行われているし工業も成長中だ。逆に、伝統のある弘前、八戸の両都市は「落ち着いて」しまっているのに対し、新興都市青森は若さで勝負するのである。

これが最もわかりやすい形で現れているのが「ねぶた」だ（ここは青森市の頁なので「ねぶた」で統一します）。ねぶたはその起源を坂上田村麻呂が行った蝦夷戦争に際し、敵を威圧するために大きな音を出したり踊ったりしたことを起源とするのだが（昔の戦争は刀剣で戦うだけではない。ちなみに、19世紀まで中央アフリカ以南の戦争は歌とダンスの勇壮さで勝敗を決めていたところもある。よほど文明的ではないか）、まあそういう性質のものなので、暴動に発展することを恐れた津軽藩や明治政府はこれを禁止することがあり、194 4年に日本が太平洋戦争において敗色濃厚になってやっと「戦意高揚」のため正式に復活。以後、今日まで続いている。

つまり、ねぶたはそもそも勇壮で騒がしく、そしてバイオレンスであるべきなのだ。という観点でみると、弘前の「ねぷた」は何となくお上品で勢いには欠け、五所川原はねぶたの大きさで勝負。これに対し、青森ねぶたはビートのきいたお囃子と「らっせーらっせーら」のハーモニーによってかなりロック寄り。市内の若者は金髪のヤンキーテイストが他地域に比べて圧倒的に多く、電車に乗っても学生の騒がしさは青森市内が圧倒的である。スーパーにたむろするヤンママもチャパツ……と、なんだか褒めているのだかけなしているのだかわからなくなってきたが、ともかく県内でも青森市は色々な意味で「若い」のである。

そんなわけで、どうも対外的には「影が薄い」などと言われがちな青森市だが、やはり県内ではその存在感は確固たるものがある。青函連絡船の廃止以降、あまり良い状況下にはないといわれる青森市。しかし、成功例といわれる青森駅前の再開発や、新青森駅があの体たらくとはいっても、さらに新幹線が北海道まで繋がってしまったらスルーされそうだとしても、やはり新幹線の存在は大きい。ここでこそ、その若さと勢いを誇りとし、乗り切っていくべきではないだろうか。

連絡線は廃止されたが、いまだに物流の拠点として重要な青森港。AUGA の地下には魚市場もある

駅からほど近い青森県庁周辺の街道沿いには官庁や企業が並び、一大ビジネス街を形成している

苦戦する新町活性化はウマくいったのか？

市民は嘆くが全国的にはかなりマシな青森の街並み

新幹線の開業とは、基本的に大事件だ。新幹線駅ができることで、街の構造が変わってしまうところも多い。県の「形」といい、「最端」といい青森と共通点の多い鹿児島では、九州新幹線の開業によって鹿児島中央駅周辺が大いに発展したと同時に、もともとの大繁華街であった天文館がダメージを受けた。

青森も、本来ならばこうした事態を招いていたはずだが……幸か不幸か新青森駅が「あの有様」なので、青森駅周辺は大して影響を受けなかったのである。

相も変わらず青森市、いや、青森県の中心は、青森駅周辺である。基本的に、青森駅の東側が繁華街であり、駅正面を走る新町通りを中心に、左右に繁華街が広がる構造だ。新町通りから少し南下すると奥州街道が走り、公官庁などはこの街道沿いに集中している。青森駅から新町通りを東へ進み、市役所の北側、つまり常光寺の向かいあたりの本町が、ホテルや飲食店の集まる歓楽街だ。

さて、こうした構造の青森駅周辺。やはりその中心は新町だろう。新町は、中核となる施設がたびたび入れ替わり、それに引っ張られて街の形を変えてきた。旧来は、大正時代から続く松木屋がやはり中心というべき存在であったが、2003年に自己破産。これに引きずられるように新町の空洞化が始まった。

松木屋の自己破産は、近年の消費構造変化の影響をもろに受けてのものだ。首都圏などのごく限られた地域を除き、日本各地で進む「郊外化」。自動車の使用が当たり前になり、従来の都市部に固まって暮らすスタイルから、郊外に余裕のある住居を安価に購入（賃貸）し、通勤も車、買い物も車となる。特に顕著なのが買い物スタイルの変化で、イオンに代表される郊外型の巨大ショッピングモールが隆盛し、駅前型や地域密着型の商店や商業施設は軒並みダメージを受けている。

これらを憂慮した青森市は、コストの効率化も含んだコンパクトシティ構想の一環として駅前再開発を開始。2001年に駅前再開発の一環として大型複合施設「アウガ」をオープン。とはいってもこの計画自体はなんと1970年代から存在したもので、予定されたマイカル、西武百貨店などが出店を辞退・断念してとんと進んでいなかったところに、半ば公営に近い形で作られた駅前再開発ビルである。商業施設と公共施設が相乗りするアウガは多くの人を集め、その集客能力は年間600万人クラス。青森市はこの「成功」を核に、市街地の再活性化を目指した。

が、皮肉なことに、このアウガ完成が松木屋の「最後のトドメ」となったという意見が出るなど、少なくとも「相乗効果」は得られていない。そのアウガにしても、集客はまずまずとしても「儲かっていない」のが実情。オープン後5年ほどで売上はピークを迎え、その後は減少。2008年には金融機関に債権放棄を要求し、2011年には空き区画（7つもあった）の解消など再建計画が出されたが中々うまくいっていない。

このように、景気の悪い話の続く青森駅前の再開発ではあるが、全国的にみて、「この程度の寂れ具合」で済んでいるのは「相当に頑張っているほう」なのもまた事実。本町二丁目あたりの歓楽街も、あれだけ古びているのに、「あの程度の寂れ具合」で粘っているのは立派なモノなのである。

青森市は、さらに新幹線の開業に合わせて青森駅北東部を「青森ウォーターフロント」として整備。新幹線開業後のこのエリアに「賑わいを感じるか」と尋ねたアンケートの結果は「感じる」が33パーセント。はっきり言って大成功とはいいかねる反応だが、再開発以前が7パーセント程度だったことを考えれば、やはりここも「着実に成果はでている」というべきだろう。

このように、青森駅前繁華街とその再開発は、ちゃんと一定の成果がでており、しかし目標には遠く及ばないというなんとも微妙な状態だ。しかし、何もしないよりは遙かにマシ。いつか本当の成果が、と期待したいものだ。それだけにあの新青森駅の惨状が……。

※　※　※

とビミョーな褒め方をしたアウガだが、ついに耐えきれなくなり2016年にショッピングフロアの閉鎖と、市役所の移転を発表。この責任問題で市長の辞任にまで発展してしまった。

まずまずの状態とも寂れているともいえる青森駅周辺。ただ、歩道の舗装がそこら中でガタガタなのはいただけない。直してよ！

青森の若者は基本的に元気。どうにも地味な八戸やすました感じの弘前とはかなり感じが違う

陸奥湾の富を独り占め？ ホタテ養殖は秘伝の技！

猛烈なホタテ推し！ 平内はこれ一本だ

ホタテといえば北海道。その占有率は年々上がり、90パーセントを突破する年も出始めた。

しかし、それに対して「万年2位」というべきなのが青森県。全国総数の約15～20パーセントは青森なのだ。日本におけるホタテの産地は、事実上北海道、青森、岩手、宮城のみだが、岩手、宮城が1～2パーセント程度の数字に留まっているわけで、つまり青森のホタテは「絶対に優勝できないが常にAクラス（しかも3位以下には半端じゃない差をつけて独走）」という、自慢するべきか卑下するべきかなかなか難しい地位を確固たるものとしている。

そんなホタテナンバー2県青森において、圧倒的な存在感を示すのが平内町だ。青森県内におけるホタテ漁で、平内が占める割合は約47パーセント（2013年）。一番手のむつ市が約6パーセント弱なのだから、その独走具合がよくわかるだろう。

そもそも、陸奥湾は昔から定期的にホタテが大発生する海だった。が、貝類は繁殖力もすごければ、環境変化に対する弱さもすごい。海水の温度変化でかけらも見つけられなくなったり迷惑なほど増えたりするわけだ。しかし、商業活動というやつをしないと生きていけない人間にとってこれは困る。そんなわけで、平内町は必死に安定した漁獲の見込める養殖に乗り出したのである。

その成長具合はスゴイのひと言。戦前は、北海道の9万トンに対して青森県はわずか130トンと692倍差を付けられていたが、近年の平均水揚げ量がおおよそ8万トンでおよそ620倍。一気に北海道の5分の1程度にまで成長したのである。北海道も戦前の9万トン程度から40万トンクラスにまで成長しているが、成長率だけでみれば北海道なんざ自然資源にあぐらをかいている怠け者だ。そして、その半数近くを占める平内がどれだけスゴイかわかる。

平内の英雄　豊島友太郎

平内のホタテ漁が軌道に乗ったのは1970年代だ。それ以前も養殖はやっていたが、それは地まき式養殖といわれる、簡単に言えば稚貝などを撒いて自然に成長するのを待つというもの。これは極力管理を行わない方式なので、やはり数は安定しづらい。そこで、立ち上がったのが平内の豊島友太郎である。

豊島は、1957年にホタテの稚貝が大発生したのを機に、杉の葉をつかった採苗施設を研究。これは、杉の葉を海中に沈めてホタテの卵を付着させるという方式だが、これにタマネギ袋（要するに野菜ネット）をかぶせることで定着率をアップさせることに成功。これらの研究成果により、前述のような爆発的な成長を成し遂げたのである。

それまで、雪のためどうしても農閑期が発生してしまう農業や、自然任せの漁業を主な産業としてきた平内（というは青森の大多数の地域）では、足りない収入を補うための出稼ぎが行われていた。が、それもホタテ養殖の成功で終わりになる。なんといっても620倍だ。それまで貧しかった平内には「ホタテ御殿」が立ち並び、出稼ぎで父親が不在になる家も激減したのである。
と、ここまで見れば万々歳なのだが、平内町全域で見ると財政力指数は0・2点台と完全な補助金頼りであることは、他の市町村と変わりはない。ホタテ養殖が本格化してからも人口は5000人近く減っており、高齢化の進行も著しい。平内のホタテは確かにスゴイが、それだけで街を支えるだけの力はないというのが悲しくも現実なのだ。

これに対して、とられる施策としてはやはり合併が考えられる。事実、平成の大合併時にも平内と青森市、それに蓬田、今別、現在の外ヶ浜を含めた広域合併の機運はあった。平内はホタテパワーでこの時は合併を見送ったのだが、この先はどうなるか、まだまだ予断を許さないのである。

※　※　※

平内のホタテパワーは加速している。水揚げ量に関しては、それほど大きな伸びというわけではないのだが、ホタテ産地としては不動のトップだった北海道の水揚げ量が減少傾向の中、安定している青森県の存在感が相対的に増している。

平内の誇るホタテを紹介するホタテ広場。アクセスの悪さ以外は良い施設。アクセス以外はね……

北海道の減産、さらに、中国などでホタテ人気が増していることから価格が上昇。好調な輸出額の効果は大きく、2016年度には県産ホタテの販売額が約235億円、水揚げ量は約11万トンと過去最高を記録している。

ただ、水温の変化で水揚げ量が大きく変動する海産物だけに、この好調状態が続いているうちに、さらなる海外へのブランド発信などを充実させ、価格の「高止まり」を狙いたいところだ。あと、地元に卸す分は今まで通り安めの価格でお願いしますね。

外ヶ浜の分断は今別のわがまま？
間隙をぬって地味に発展する蓬田

思惑が違いすぎる東津軽の自治体たち

青森市の北に繋がる津軽半島。その東側、つまり陸奥湾沿いの東津軽エリアは、古くから北端の僻地であり、北海道に近いとはいえ、重要な港は十三湊や青森と、とにもかくにもド田舎であった。この状況は近年も全く変化して居らず、有力な観光資源もなく、ともかく寂れまくっているのが現状だ。

特に深刻なのが人口減。最近40年で外ヶ浜、今別ともに「半減」してしまったという激減っぷりだ。

もはや「窮状」どころか「滅亡の危機」ともいうべき状況であるこの東津軽も、やはり平成の大合併に参加したのだが、その結果は散々。各自治体の思惑が違いすぎ、結局まとまったのが外ヶ浜の「分断合併」だけという体たらくだ。

そもそも、このエリアは、まず三厩、蟹田、平舘、今別、蓬田による合併協議が行われた。が、始まった瞬間から今別、蓬田は合併に反対の意向を表明。住民に合併の是非を問う共通アンケートすら行えず、ほとんど「始まる前から頓挫」という形となってしまったのである。

なぜこうなったのか。大きな理由として、今別、蓬田がほかの3町村にはない「強み」を持っていたことが挙げられる。今別は、ご存じの通り青函トンネルのスタート地点だ。青函トンネルは、現在は一般車両しか走っていないが、建設中から新幹線対応が取られてきたこともあり、東北新幹線の新青森駅到達の遙か前から、新幹線が通ることが誰にでも予測できる状況だった。つまり、青函トンネルの入口を持つ今別には、新幹線駅になり、トンネル整備などの基地なりが出来ることはほぼ確実。こうした施設があれば税収も地元雇用も多いに期待できる。そんな10年やそこらでいただけるニンジンが目の前にぶら下がっているのに、なぜビンボーな近所のやつらと、というのがホンネだったのだろう。逆に、現在の外ヶ浜町になった3町村は「その恩恵を周辺との相乗効果に」と、これまた当然のことを考えるわけだが、そうは問屋が卸さなかったわけだ。

蓬田は、また少し事情が違う。地理的にも青森市に近い蓬田村は、現状では今も第一次産業の盛んな地域でも、すでに就業者の約3割が青森市に通勤する。つまりベッドタウン化が進んでいるのである。現在も、蓬田村の人口は減っていっているのだが、村営住宅や新規分譲などとても人口が減っている地域とは思えない活況。蓬田駅は小さな無人駅だが、筆者が利用した真っ昼間でもそれなりの人数が降りていた（乗車したのは筆者ひとりだったが）。こういう土地なので、はっきりいって北方の4市町村との合併は無意味。「（合併）するなら青森市とでしょう、すでに事実上青森市の一部になっちゃってるんだし」というわけである。

他にも理由があるのでは？　ということで色々と調べてはみたのだが、どうもこれが外ヶ浜町分断合併のほとんどの理由のようだ。

大青森市構想は成功するのか？

　このように、なんともあっさり合併に失敗してしまった東津軽の各自治体だが、つっぱった今別にしても蓬田にしても、やはり単独では厳しい。外ヶ浜は相変わらずの大借金体質だし、人口は大幅に減少。次なる合併が必要だ、という動きはすでに始まっている。

　そこで出ているのが「大青森構想」とでもいうべき、外ヶ浜、今別、蓬田、青森、平内の合併構想だ。すでにもう青森市のベッドタウン化が進んでいる蓬田はもちろん、今別も青森市との関係性は深く、青森市には買い物にもいくし、今別出身者が8000人程度も住んでいるという。つまり、今別には高齢者が残っていて、その子供たちはみんな青森にいるという話だ。こんな状況だから、この2町村には「青森とだったら喜んで！」という意向が見え隠れ。つまはじきを食らう形となっていた外ヶ浜もまとめて青森市に面倒をみてもらおう、というわけだ。外ヶ浜としては、「まあその前にまずはウチとくっつこうよ」という意向をまだ持っているのだが、今別は「それはない」と即拒否。この溝はもはや絶対に埋まらないのではないだろうか。

　確かに、青森市は大きな都市だ。力も強い。大合併をすればかなりの負債を抱え込むことにはなるが、まあ凌いでいくことは可能だろう。だが、青森市は「コンパクトシティ」を目指しているのをお忘れだろうか。「大青森」が完成してしまえば、可能な限り住民を青森市内に集め、僻地には必要最低限のケアのみでほったらかしにしたい、というのが青森市なのである。合併に伴って問題となるのは、急速な過疎化やコミュニティの崩壊だ。それを危惧して合併を見送った自治体も無数に存在する。一方ではこういう「理由」を声高に標榜したりすることもあるのに、かえって過疎化が進行する可能性が高い（というか確実にそうなるだろう）青森市との合併を進めようというのは、ちょっと都合が良すぎるように感じるのだが、そのあたりはどうなのだろうか。背に腹は替えられないのはよくわかるのだが。

青森県コラム 3

浅虫温泉を復活させろ!

浅虫温泉は、青森市の中心部から電車で20分程度。「ちょっとそこまで」気分で行ける一大リゾートとして隆盛を誇った温泉街だ。最盛期には芸者が100人を越え、北海道交易(近代なら海運など)で大儲けしたオヤジ共が大宴会を行い、大いに繁栄したのである。

時は下って現代。浅虫温泉の活況は昔話となり、すっかり鄙びた温泉街となっている。これはもう全国的に共通なのだが、やっぱり「対社員旅行」「男性団体」で下手に儲かっちゃったものだから、現代的な「女性向け」「老夫婦重視」「個室」というスタイルの変化に対応できなかったのが、この凋落の原因であるといえる。

まあこれはどこでも同じだし、浅虫温泉が特に悪いというわけではない。肝心なのは「これから」である。事実うまいこと復活に成功した温泉街も多く、

参考例はいくらでもある。

……のだが、現状を見るに浅虫温泉の復活は非常に難しいように見える。まず大きな問題として「シンボルになるランドマーク」の存在が希薄だ。うまくいっている、もしくは何とかしのいでいる温泉街は、大抵全国的に有名な秘湯とか、シンボルとなる高級旅館（ホテル）があったりする。例えば日本有数の外国人客を集める長野の野沢温泉は、国内最大級のスキー場、豊富な「外湯」を核とした街づくり、高級旅館と小規模の民宿のコンビネーションという、「ブランド力を維持しつつ高いのも安いのも完備」という体制をとっている。これに比べ、浅虫温泉は、まあ高級旅館といえるものはちゃんとあるのだが、どうも見た目が「それほど高級には見えない」のが問題だ（中に入れば良い宿も多い）。そして、宿を出てぶらぶら歩いて楽しい「温泉街」がほぼ皆無というのが致命的。これはどうも中途半端に「海水浴対応」をしてしまったのが良くなかったのかもしれない。

もし、浅虫温泉を復活させるのなら、駅前の県道269号線を大開発し、公営の外湯なども検討しつつ、何か新しい「名産」を開発するしか手はないだろう。リンゴやホタテでは通用しない。それは弘前や平内のものであって「浅虫」のものではない。あって当たり前のものだ。正直、前途多難に過ぎるとは思うが、新幹線駅からこの距離に「リゾート」があるのはやはり強い。青森市、いや青森県全体の観光産業ために浅虫温泉を再建し、観光事業の中核・シンボルに、と考えるのは、それほど間違ってはいないのではないだろうか。

第4章
我こそが青森の中心地 津軽のプライドは今も高い！

おしゃれタウン弘前はプライド高し 新幹線も別に来なくってもいいって

青森なんて最近できた街だし

弘前は、非常に美しい街である。じっくり見れば城東地域に何にもないとかイトーヨーカドーからみちのく銀行辺りが思いっきり再開発中で殺風景だとか問題もあるが、それも「これから改善される」期待の持てるものだ。

今でこそ、青森県の「県都」は青森だが、津軽藩の「藩庁」は弘前だった。津軽の中心が浪岡から弘前に移ってもう400～500年は経っている。それに対して青森なんざ、本格的に栄えたのは江戸時代も中期以降の港町でせいぜい200年。重みが違うのである。

というわけで、弘前人は非常に誇り高い。津軽では青森市に続く第二の都市であっても、心意気は青森イチ。東北でも仙台に次ぐくらいの意識なのである。

確かに、その自信は端から見ていてもよくわかる。まず、基本的に街を歩く人々は品が良い。今回の取材で津軽エリアの鉄道はほぼ全て乗車したが、弘前エリアでは学生が大騒ぎ、という光景は見られず、対照的に青森エリアではヘッドフォンを付けていても学生たちの会話が聞き取れたという有様だった。イトーヨーカドーでも若い女性のチャパツ率が明らかに低かったし、着物を着た「ご婦人」の数も異様なほどに多かった。

これは、弘前人の自慢のひとつで、「弘前はオシャレだから」という言葉を多くの人から聞いた。確かに、弘前はファッションの発信地として知られており、弘前駅に近いヒロロや近隣のファッション街などがこうした「地方都市」で「成立」するのが非常に難しい昨今、しっかり客の入りが見られるだけで、弘前人がオシャレに気を使っているのが非常に良くわかる。土手町はさらにその本番で、街並みもモダンだし、ルネスアベニューのような、東京からみると「赤坂っぽい」雰囲気の場所もある。やはり弘前はひと味違うのである。

病院の多さも弘前の自慢

弘前人がプライドをもっているのはオシャレなことだけではない。もうひとつ多く聞かれたのが「病院が多くて便利」だということだ。

病院の確保は、地方のみならず都市圏でも問題になる。大きな総合病院は用地確保の問題で、その多くが非常に不便な場所にあるものだが、弘前は違う。駅直近に弘前市立病院が控え、弘前大学医学部附属病院、国立病院機構弘前病院などの大型施設に加え、大量の医療機関が集中しているのである。筆者は間抜けなミスで取材中に足を怪我してしまったのだが、弘前市をベースにしていたおかげで簡単に治療を受けることができた。訪れた病院には、多くの通院者が溢れ、バスやタクシーなどのアクセス体制も万全。前述の通り、医療機関の充実は、その土地が「住みやすいか住みにくいか」の判断材料として非常に重要なので、これを弘前人が自慢するのは全く持って正当なのである。

このように、ファッショナブルで住みやすい弘前。他にも「まー弘前のリンゴは〜」とか「(秋田県の)大館や五所川原くらいからなら通勤してるにゃあ」という声も多い。このプライドの高さは、新幹線観にも違いが見られた。新青森への新幹線開業は、弘前にとっても大きな事件で、青森市への富の集中を心配する向きもあったが、概ね「まああまり関係ない。むしろ青森から弘前への観光客が増える」くらいの意識であった。観光客が増えたためか、市内にはチェーン系の居酒屋なども増えたのだが、古くからの飲食店は「チェーン店が来るのは人が増えた証拠だから歓迎」と語った。

また、自然に考えれば、地理的に秋田新幹線を延伸して弘前まで通せばより一層弘前が栄える、となるところだが、それを望む声もあれば、「別に現状で十分。欲をいえば新青森からの奥羽本線がもうちょっと本数あれば」という程度の人も居た。つまり、弘前のプライドは、新幹線があろうとなかろうと弘前は万全、と考えるほど強いのである。

※　　※　　※

さて、弘前人のプライドといえば、やはり弘前城だろう。日本の城（特に天守閣）は各地でシンボルとなっているが、その多くは比較的近年「再建」されたもの。江戸時代以前からのものは非常に少ない。

なぜ古い城が残っていないかというと、戦争や政治状況の変化といった理由よりも、火事で焼けてしまったというケースが多い。実は弘前城も例外ではなく、元の天守などは江戸時代の初期に完成していたが、わずか16年で落雷により焼失。現在の天守は江戸時代の後期再建されたものだ。戦国の香りが残る「ホンモノ」ではないにはしても、れっきとした武家の時代の建物である。

ただ、２００年もすれば建物は当然老朽化する。２００７年には天守付近の石垣に崩落の可能性があることがわかり、修復作業が必要となった。

本格的な修復作業は２０１５年に始まった。弘前城は前述の通り土台にあたる石垣が問題だったため、単純に天守の建物を分解修理、といった手段は使えない。しかし、そこは21世紀。なんと、今の天守をそのまま「持ち上げて」どかし、石垣をばっちり直すという豪快な力業が可能になっていた。

これによって、普通の修復作業では難しい場合もある天守台（天守閣の真下の土台）の発掘調査が可能になり、２０１６年の終わり頃から着手。翌年には石垣の解体作業が本格化した。修復作業の期間は6年程度とみられている。

天守が移動したことで、残念ながら桜や紅葉の季節にみられた、天守と桜が重なる「絶景」は当面みられなくなってしまったが、実際に工事中の景色をみると、天守が移動していることなど、それと知らなければ気づかない。つまり、景観へのダメージを最小限に抑える修復作業を行うことに成功しているのだ。

それもあってか、弘前城の観光客は相変わらず多い。今回訪れたのは紅葉の季節だったが、団体客を含め、多数の観光客が、弘前城の景観を楽しんでいた。

石垣の修復を含めた経費はおおよそ20億円とのこと。こう聞くと、なかなか厳しい数字だが、ゴールデンウィークのさくらまつりだけで２００～２５０万人規模の人出がある弘前城。さくらまつりの経済効果は、単純な入場料だけで毎年２０００～３０００万円程度の利益がある。また、この「天守引っ越し」自体がイベントとなり、この年の弘前公園有料区域への入場者数は倍増。広告効果は約25億円という試算もある。

さすがは弘前。負担ばかりと思われがちな城の修理もきっちり利益につなげているようだ。

修復作業中の弘前城。本来なら客足が鈍るところだが、豪快な工事内容すらも「売り」になっており、多くの観光客を集めている

弘前からみた八戸・青森

八戸	青森
南部のイナカモノ	歴史が浅い
融通の利かない連中	ヤンキーが多い
漁業と工業の街なので汚い	青森ねぶたは品がない

弘前の自慢

青森の美人は弘前に集まっている
弘前以外の青森県民はダサい
スキーの実力は弘前（大鰐）がダントツ

※独自調査より作成

やはり全ての中心はリンゴ農家
最近では観光も上向きの弘前

圧倒的すぎる弘前のリンゴ

弘前周辺を取材中、筆者はことあるごとに「この辺の方は何の仕事をしてます？」と聞いて回った。すると、返ってくるのは「リンゴつくっとるねえ」ばかり。30万人規模の通勤圏であり、青森県でもっともブランド力の高い弘前だが、地元の人でさえリンゴのイメージしかないのである。

確かに弘前のリンゴは圧倒的だ。そもそも、日本のリンゴの55パーセント前後は青森県で作られており、さらに県内のリンゴの約半分が弘前市の生産。つまり、日本全国に流通しているリンゴの４個に１個が弘前産なのである。そりゃリンゴのイメージしかないわな。

しかし、なぜこんなに弘前は強いのか。それには諸所の事情があるのだが「弘前がリンゴ栽培に向いた土地だった」という事が何のひねりも無いが一番の理由だ。リンゴが初めて青森県で生産されるようになったのは1875年。明治政府の欧化政策で日本には相当数の農作物が持ち込まれたが、やはり植物は基本的に原産地以外では簡単には育たない。青森県にもってこられたリンゴも最初はほとんどが育たず、まともに育ったのは弘前くらい。つまり、品種改良などしなくても、弘前〝だけ〟はまともにリンゴが育つ土地であったのだ。なんかズルイ気もする、がこれは運命としかいえない。

また、明治初期の廃刀令、四民平等で武士階級（士族）が大量に「余った」のも、弘前が「リンゴ王国」になったひとつの要因である。士族たちが、リンゴ農家に「大量転職」したのである。

それまではとりあえず役人をやっていれば良かった武士たちも、何らかの商売をやらなければ食っていけなくなった。本来であれば帰農するのが自然なのだが、なにせ短くても300年、長い家だと1000年近くもクワスキの代わりに刀槍弓矢を握ってきたのが武家である。技術面はいうに及ばず、根性面でも体力面でも本職の農民には敵わない。そんな時にやってきたハイカラな「リンゴ」。樹木栽培だから田んぼのように泥だらけにもなりづらいし、舶来モノで何となくカッコイイ。さらにノウハウ面でも１０００年の差を付けられている米作などと違い同じスタート地点から始められるとあって、色々と「抵抗が少なかった」のが原因であろうといわれている。特権を失ったとはいえ、武士はまだまだ地域のリーダーであり、なんだかんだで「領地」を持っていた者も多い。士族たちのリンゴブームが、弘前で急速にリンゴが広まったのに、一役買っていたのは確かだろう。

観光への取り組みも中々お見事な弘前

このように全国的にも地元的にもリンゴのイメージしかない弘前だが、当然中核都市なだけあってさまざまな産業がある。その中でも、近年では観光が伸びている。

弘前の観光資源といえば、弘前城とねぷた以外にはそれほど目立つものはない。そこで、弘前は「県内各観光地へのベースキャンプ」としての機能を充実させた。もともと津軽の「首都」だった弘前は、当然交通の要所となっている。弘前は都会だから旅行客も楽に滞在でき、そこから五能線に乗って五所川原や白神山地へ、というスタイルになっている。

これが成功しているとわかるのは、前項で紹介したチェーン店の事例などだが、なんといってもやはり地道な努力が最大の要因であろう。弘前駅を一歩降りればさまざまなプランのチラシが目立つ場所に置いてあり、観光案内所の「指導力」はやる気の感じられない某県やら某市に見せてやりたいものである。

もちろん、そもそもが商業的にも活躍していた弘前藩を統率していた弘前だ。基本スペックとして「商売のセンス」もあったのだろう。だが、そうした素地があっても、変にあぐらをかくようなことをせず、「しっかり使っている」ところが弘前なのだ。リンゴの話もそうだけど、やっぱり弘前ってもともと強くて幸運なヤツが、その上でさらに努力をしているという、大変恐ろしい街なのである。

青森銀行記念館など、弘前には明治の遺構が数多く残る。観光資源はしっかり使うのが弘前流だ

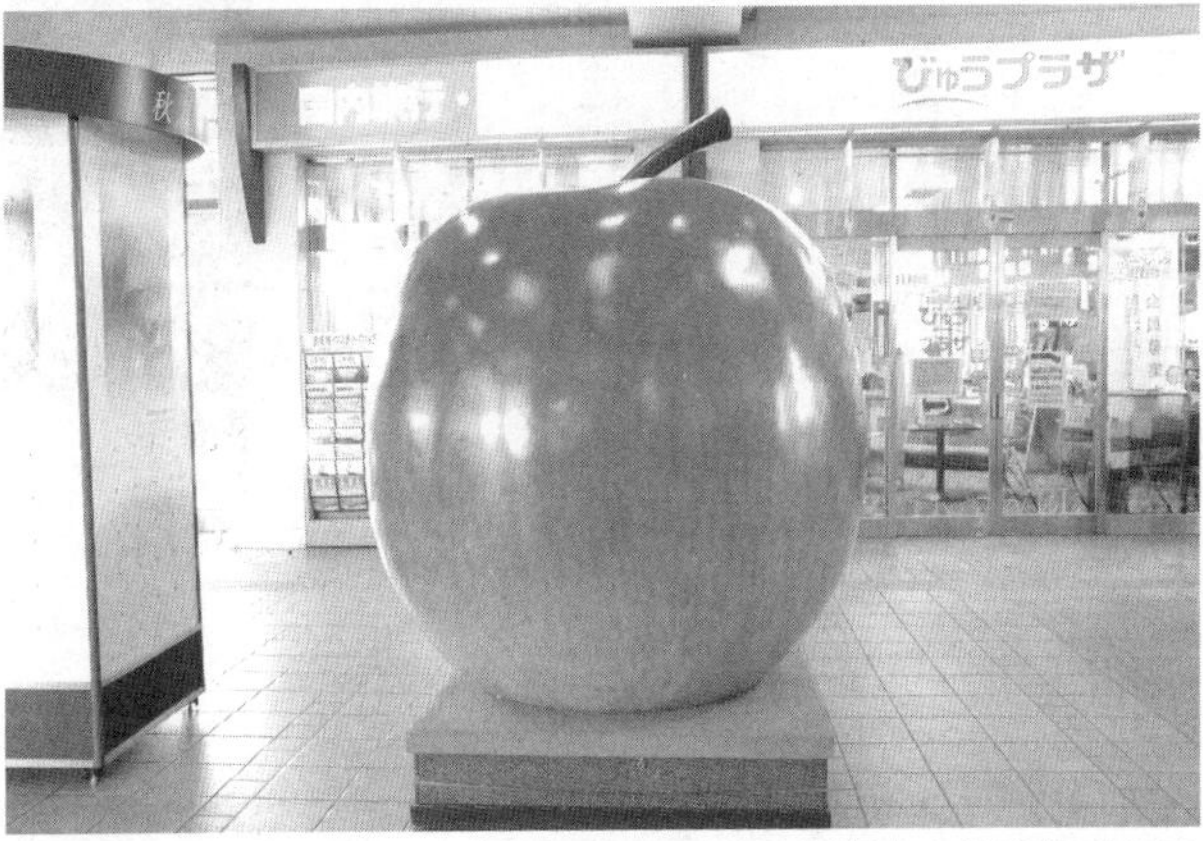

津軽全体が積極的にリンゴをアピール。その甲斐もあり近年ではアジア圏で「青森リンゴ」のブランド化に成功。利益が増加している

「大弘前市」構想は道半ば黒石の離脱は大鰐が原因!?

イマイチ進まなかった弘前周辺の合併劇

いびつな形ながら合併が進んだ津軽北部に比べ、弘前をはじめとする南部はいまいち大きな合併が進まなかった。平成の大合併初期段階では、弘前市を含む周辺の14市町村が大合併を行う、などという話も出たのだが、結局頓挫。とはいっても弘前市は「岩木山を手に入れる」「飛び地を解消する」という大きな成果を上げた相馬村、岩木町との合併を成し遂げ、やはり万事そつのないところを見せはしたのだが。

では、なぜ大合併による「大弘前市」は成立しなかったのか。例えば平賀町、尾上町、碇ヶ関村は、実はこの「大弘前市」にかなりの積極派だったのだが、合併にはつきものの「議員数格差（人口の少ないところは議員数も減るので発言力がなくなる）」などで紛糾。特に借金苦の黒石市や大鰐町などの意向が強かったというか、逆に借金自治体とくっつきたくなかった周辺の意向というか、ともかくこのあたりがネックとなり、かなり早い段階で構想は立ち消えになってしまった。

また、「あっぷる市」という新市名候補が話題となった板柳町と鶴田町の合併協議も結局この市名案を巡って紛糾。どうしても「あっぷる市」を推したい板柳町と「冗談じゃねえ」な鶴田町の対立は解消されず、わずか数カ月で破談に。その後、鶴田町は五所川原入りを目指したが、これも断られ万事休す。結局騒ぐだけ騒いだあげく、板柳町も鶴田町も、鰺ヶ沢町などと共に、南部津軽エリアではまったく合併を行わなかった自治体として、今も存続している。

結局の所、このエリアでは弘前市の力が強すぎて冷静に考えればみんな弘前に吸収されてしまえばいいのに、となるのだが、このあたりでどうにも「体質の古さ」が出てしまうのが困るところ。２０１４年に発生した平川市の議員大量逮捕事件は、地域の代表である各地の議員を「何人応援に集めるか」が市長

弘前周辺の平成の大合併経緯

2002 年 2 月 18 日	津軽広域連合を構成する 14 市町村の市町村長による合併に関する意見交換会を開催（弘前市、黒石市、岩木町、相馬村、西目屋村、藤崎町、大鰐町、尾上町、浪岡町、平賀町、常盤村、田舎館村、碇ヶ関村、板柳町）
2004 年 7 月 9 日	第 8 回協議会で議員の定数及び任期の取扱いについて合意できず、合併協議会廃止を確認
2004 年 8 月 30 日	弘前市長が中津軽郡 3 町村（岩木町、相馬村、西目屋村）との合併協議を進める意向を表明
2004 年 10 月 8 日	藤崎町及び常盤村の両議会において、法定協議会設置議案を可決
2004 年 10 月 17 日	西目屋村が実施した、弘前市・岩木町・相馬村との合併の是非を問う住民投票で、合併反対票が上回る（翌 18 日、議会全員協議会において、合併不参加を決定）
2004 年 10 月 27 日	平賀町、尾上町及び碇ケ関村の各議会において、法定協議会設置議案を可決
2004 年 12 月 15 日	弘前市、岩木町及び相馬村の各議会において、法定協議会設置議案を可決

※総務省「合併協議における再出発事例」より作成

選などの決め手になるという、いってしまえば「戦国大名が、如何に小領主を同盟者として集めるか」で戦の行方が変わる、というのと同じ「古い体質」が噴出したもの。こういう体制では、それぞれの地元意識が強すぎ、結果として「全員がわがままを言い合う」ことになり、何もまとまらない。これは青森県に限った話ではないし、理由の全部ではないにしても、「あっぷる市」のようにある種民意無視でどーでもいいメンツにこだわったように見えてしまう事例をみると、やっぱり「古くてわがままなイナカ体質」が諸悪の根源に思えてしまう。

しかし、合併というのはそうしたメンツだけでは、すでに小さな自治体が生き残れなくなってきたから始まった、というのが大きな動機である。確かに小さな自治体が大きな自治体と合併すると、それまでのコミュニティも縮小し、最終的には事実上の消滅、となってしまうケースは多い。しかし、それでも「合併しないよりはマシ」というのが現実である。合併は必要悪というべきかもしれない。それを阻害するのが、「古い体質」であるのなら、平川市の事件は、膿を出すという意味では起こって良かったのかもしれない。非常～に複雑な心境にはなるけどね。

市浦と金木の相克が生んだ五所川原&中泊のトンデモ飛び地

市浦村の「裏切り行為」が「十三湖町」を潰した？

五所川原市と中泊町には大飛び地合併エリアがある。一部重複するが、ここではその複雑怪奇な経緯を追ってみよう。面白いから（笑）

まず、始まりは非常に穏やかなものだった。今でこそ寂れた田舎町となってしまっているが、元々「十三湊」は古代からの大貿易港。奥州藤原氏の本流が最後まで拠点としたなど由緒正しい土地。そのエリアに属する金木町、中里町、市浦村、小泊村が「十三湖町」として合併することを目指した協議を始めた。2002年春のこと。当初はスムーズに進んでいたこの合併協議。町役場を最大の人口を抱える金木町に置くとか、まあ誰の目にも「当然」な流れができていたのである。

これが崩れたのが2003年後半。人口が少ない市浦村が、なんと合併間際に村職員の新規採用を始める。要するに、自分たちよりも図体の大きい町村にデカイ顔をされないように、職員数で対抗、といった形だ。合併に際しては、行政のスリム化も並行して行われることが多く（というかそれくらいの「合理化」はせんと意味がない）、まさしく既得権を守ろうとした市浦がとった「合併をダメにする行為」である、と金木町の目に映ったのである。

怒った金木町は合併協議から離脱。それ以前から4町村ではなく五所川原市も加えたもっと大きな合併を訴えていた市浦村は、金木町の離脱で「十三湖町」がおじゃんになった2カ月後、はやくも市浦村は五所川原市に合併を持ちかける。一方で金木町は残った3町村合併に移行すると思いきや、「それなら始めから考え直して五所川原とではどうだろう」と揺れるのであった。

取り残された中里・小泊　もはや意地の2町村合併

小泊村は、市浦が「十三湖町」を裏切ったのなら、そのまま3町村で合併でいいじゃない、という態度だった。当然金木も同じかと思っていたら、なんと金木が五所川原に「浮気」の気配を見せたのである。揺れる金木町は結局住民アンケートを行い、結果は五所川原との合併支持。金木町も五所川原市に合併協議を持ちかけることになり、なんとも気まずい金木・市浦の呉越同舟構造となってしまうのである。

で、こうなったらということで、金木は中里、小泊にも五所川原との合併協議に加わったら？　と持ちかけるのだが、2004年4月に行われた中里の住民アンケートは五所川原との合併を拒否。そのまま元の枠組み通り、中里町・小泊村との小規模合併を敢行したのである。もはや戦国時代のような離合集散。こうやって経緯をみると、意地を貫いた現在の中泊町を支持したくなるのだが、人口減に苦しむ青森県の現状を考えると、そもそも五所川原を含めた広域合併を主張してきた市浦村の考えも理解できる。きれい事だけではすまされないのが政治というものだ。どちらが正義か、などと簡単に決められないのである。

が、五所川原、金木、市浦の合併が決まった後も、市浦はまだ暴れている。新市名は力関係からいって「五所川原市」になるのはある種当然で、これは大して揉めなかったのであるが、その後の市議数割り当てで紛糾。どさくさ紛れの職員増員も辞さなかった市浦である。当時の人口比が20：３：１（五所川原：金木：市浦）程度なのに対し、市浦の主張により議員数を20：７：３とする方針が一度かたまりかけた。というかこの定数だけみると、五所川原って鷹揚なのかお人好しなのか、という比率である（この程度は誤差だと考えていたのかもしれないけど）。まあやっぱりこれじゃああんまりだ、ということで、この合意事項は差し戻しとなり、新たに21：７：２という案が出る。しかしここでも市浦は猛烈に反対。結局まとまらず、「合併してから再度協議」という逃げに等しい結論となった。

いにしえの十三湊があった市浦。そのプライドの高さや自己防衛の気持ちはわかるのだが、ちょっと暴れすぎじゃないですかねえ。

合併前の五所川原 MAP

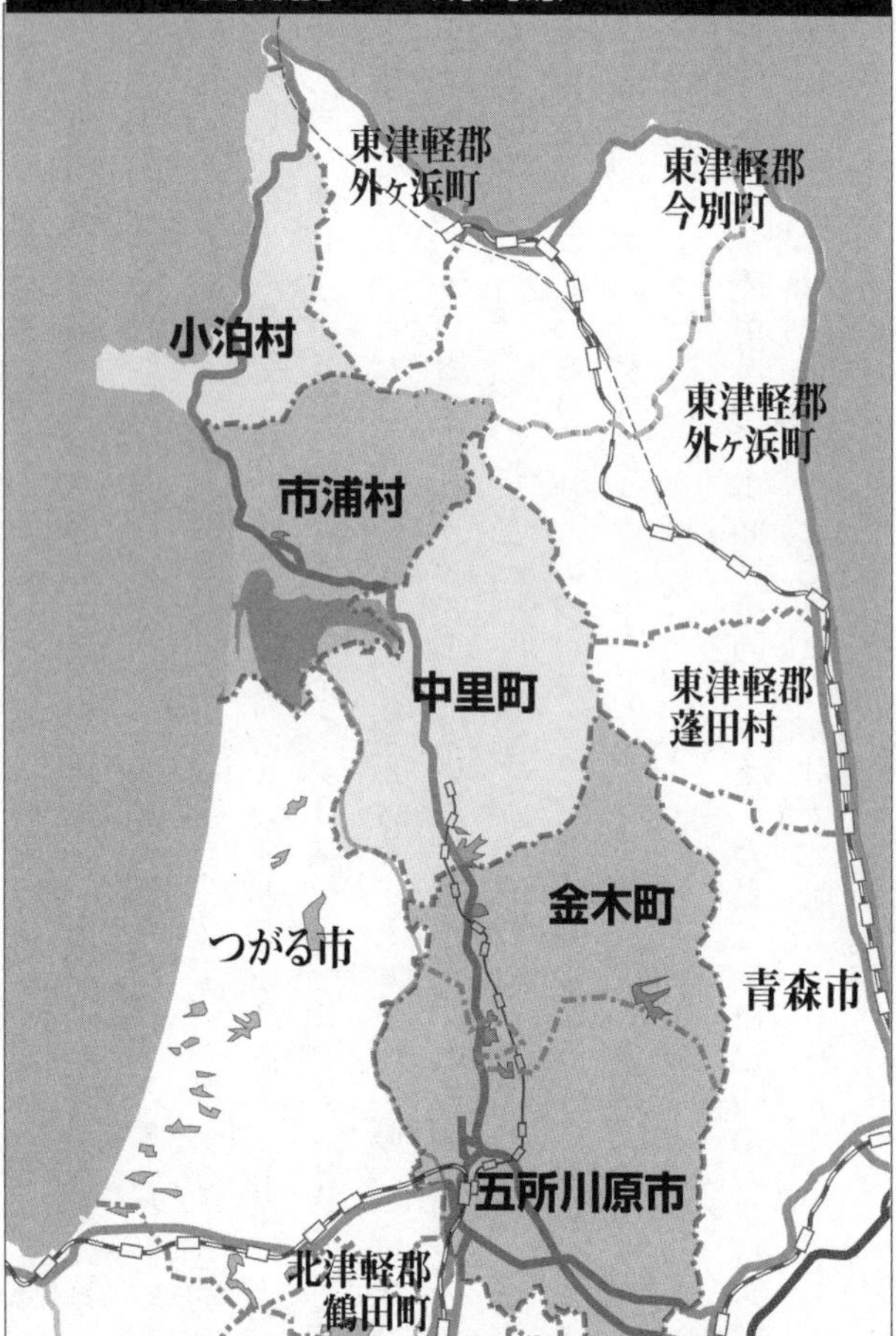

これぞ地方都市の完成形！五所川原エルムの街とイオンつがる柏

捨て身の防衛策　エルムの街建設

合併ではかなりダイナミックな動きをした五所川原市。こんな騒動の後だから、さぞグダグダなのでは？　と考えてしまうが、政治の世界はともかく、市民の生活はかなり向上しているようだ。

事の始まりはイオンモールつがる柏の開店。全国津々浦々で共通の話ではあるが、巨大ショッピングモールができると地元の商店は崩壊し、人の流れも変わってしまう。下手をすればショッピングモールの近辺に住民が引っ越してしまったり、なんてことも起こる。

ともかく、イオンつがる柏の開店で、五所川原の商店街は崩壊した。過去にはデパートもあり、繁盛した五所川原駅前はかなりの部分でシャッター街化し、大型店は軒並み廃墟と化している。

で、ここからがポイントなのだが、これに対抗したのが中三を盟主とする地元商店連合と五所川原市。それまで仲の悪かった商店主たちが「完全に滅びてしまうよりは」ということで同盟を組み、市から出資をさせ、イトーヨーカドーを誘致したのを皮切りに、イオンモールつがる柏の周辺に展開するホームセンターなどを出店した（おかげで景色がかなり似ている部分もできてしまった）。こうして「エルムの街」ができたのだ。

当初は、消費者の流出を食い止めるための「肉を切らせて骨を断つ」捨て身のショッピングモール建設であったが、できたモノがあまりに良すぎ、今では青森市や弘前市からの買い物客も多数。必死の防衛戦の結果、なぜか侵略してしまったという大成功を遂げる。

商店街は寂れていても存在感を増す五所川原駅

エルムの街スタートの契機となったイオンモールも健在だ。イオンモールつがる柏は、もともとイオン柏ショッピングセンターとして1992年にオープン。イオンだけでも強力なのに、その「おこぼれ」を狙ったドラッグストアや家電量販店が周囲に次々とオープンし、それまで一面の田園地帯だったこの土地に、いきなり巨大ショッピングエリアが出現した形となった。前述の通り、これに対抗したエルムの街にこのスタイルごと完全にパクられ、地域消費者の独占こそならなかったが、五所川原駅からの定期バス（火土日祝は無料）を出し、今も強い力を持っている。

五所川原駅から離れたエルムの街も定期バスがあるのだが、これによって結果的に五所川原駅が「ふたつの巨大ショッピングモールへの玄関口」になっている。五所川原駅はもともとJRと津軽鉄道のターミナル駅であったのだが、ここ最近では各地からショッピングモールへ向かう客が集まり、電車は観光客や学生くらいしか使っていなくても、バスの待合所はいつも多くの人が集まる場所として成立している。

まだまだ途中経過段階だが、この現象は(棚からぼた餅なのかもしれないが)、五所川原にとって非常に好都合なのではないだろうか。今はまだ、ただの「バス中継所」に過ぎないだろうが、こうして人の流れが出来れば五所川原駅前の商店街にもチャンスがある。事実、ポツリポツリではあるが、駅前には新しい飲食店が存在し、どうしてもチェーン店が中心となるふたつのショッピングモールとの差別化ができている。昔のように、デパートをまた作っちゃったりすると、ショッピングモールには対抗できないのは明白だが、大資本には決してできない商売も確かに存在する。また、津軽鉄道沿線には太宰観光のメッカ金木もあることだし、観光客へのアピールも可能。それにそもそも五所川原は巨大なたちねぶたという強力な武器がある。これらを総合的に考えて、観光+飲食とか、江戸(別に明治でも昭和でもいいけど)タウンとして景観条例をつくって駅前を整備するとか、再建プランはいくらでも思いつく。五所川原は、これからの「再開発」のモデルケースになる可能性を秘めているように、思えてならないのである。

エルムの街発足のきっかけとなった柏のイオン。エルムに押されてちょっと苦戦気味なのか、建物の老朽化が目立つ印象だった

地元の努力によって成立したエルムの街は現在絶好調。五所川原発展のシンボルになっている

交通も商業も全部もっていかれたつがる市は人口激減中！

合併はスムーズだったがその将来はどうなる？

津軽地方の合併劇は、これまで見てきた通り裏切りと反目、見込み違いが多発する、かなり壮絶なものが多かった。そんな中で、つがる市はそうした話題が少ない。

つがる市は、木造町、森田村、柏村、稲垣村、車力村の5町村が合併してできた市だ。この合併がスムーズに進んだのは、参加町村の規模が比較的近かったことや、そもそも現在のつがる市の大部分が江戸時代に開発された「新田」地帯であったことから、複雑な対立構造が少なかったことなど、さまざまなことが言われているが、火種となりそうなものも存在した。

イオンモールつがる柏は、その名の通り旧柏村にあった。実はここ、イオンが手がけた初となる大型のショッピングモール。それまでも三重県発のスーパーの雄として活躍していたイオンだが、現在各地の地域商業構造を破壊して回るようなイオンモールの猛威は、ここから始まったのである。

こんなものがあり、さらにイオンのおこぼれを狙ったパチンコ屋も多数存在した柏村は、それはそれは多額の税収があったという。こういう「小さくても安定収入がある」自治体は、往々にして合併協議に加わらず、単独でやっていこうとするものだが、幸か不幸か柏村は「そこまで儲かってはいなかった」のである。合併を拒否する小自治体の特徴は、ショッピングモールと大工場を抱えるケースが大半だが、柏村には一社で村の税収をまかなってしまうような大企業はいなかったのである。

そんなわけで、それぞれがメリットを見いだせたつがる市の合併はスムーズにまとまり、まあ平仮名市名への批判はあるにしても、合併に関しては成功例なのである。

合併はしたけれど発展はしなかった？

合併にあたり、新生つがる市は、市内をおおよそ「商業ゾーン」「農業ゾーン」「観光ゾーン」などに分類した。五能線沿線の木造などが商業ゾーン。市域中心部はほぼ全て農業ゾーン。沿岸部が観光ゾーンである。で、それぞれの発展具合だが、まあ農業ゾーンは自治体レベルでは日本最大級。さらに大半が米作地という強力なものでこれは安泰。沿岸部は観光といってももともとそう大したものでもなかったので現状維持だ。で、問題なのが「商業ゾーン」。イオンモールはまあいいとして、その他の商店街が（合併前からもうそうだったが）完全に壊滅しっぱなしなのである。

つがる市の中心部といえば、やはり木造駅周辺、となるのだろうが、正直歩いてみた感想は「おおよそゴーストタウン」よく見れば開いている店もあるのだが、外からぱっと見た感じでは潰れているように見えるものが多い。

これは、五所川原とは真逆の現象だ。確かにイオンモールはある。が、新興のエルムの街に比べれば、20年を経過したイオンは多少古びて見える。魅力では、すでにエルムを抱える五所川原の勝ちだろう。その証拠に（まあどちらも人口は減っているのだが）エルムの街周辺には新興の住宅地ができつつあるのに対し、イオンの周りはその動きが鈍い、もしくはもう終わってしまっている。それはそうだ。イオンやエルムを生活の中心に考えれば、どちらにもバスでいける五所川原駅周辺のほうが便利である。わざわざ木造に住もう、と考えてもらうのは、ちょっと無理があるのだ。

現状、商業も交通もつがる市はお隣の五所川原に大きく劣っており、その流れは加速中だ。というかもう絶対においつけないだろう。しかし、何も無理に同じ事をする必要もないだろう。つがる市には「農業」という強力な武器があり、五所川原に比べて飛び地がないとか規模が小さくて小回りが効くとか利点もある。最大の課題は、そこを勘違いしないで堅実にいけるか、ということではないだろうか。

合併前のつがる市MAP

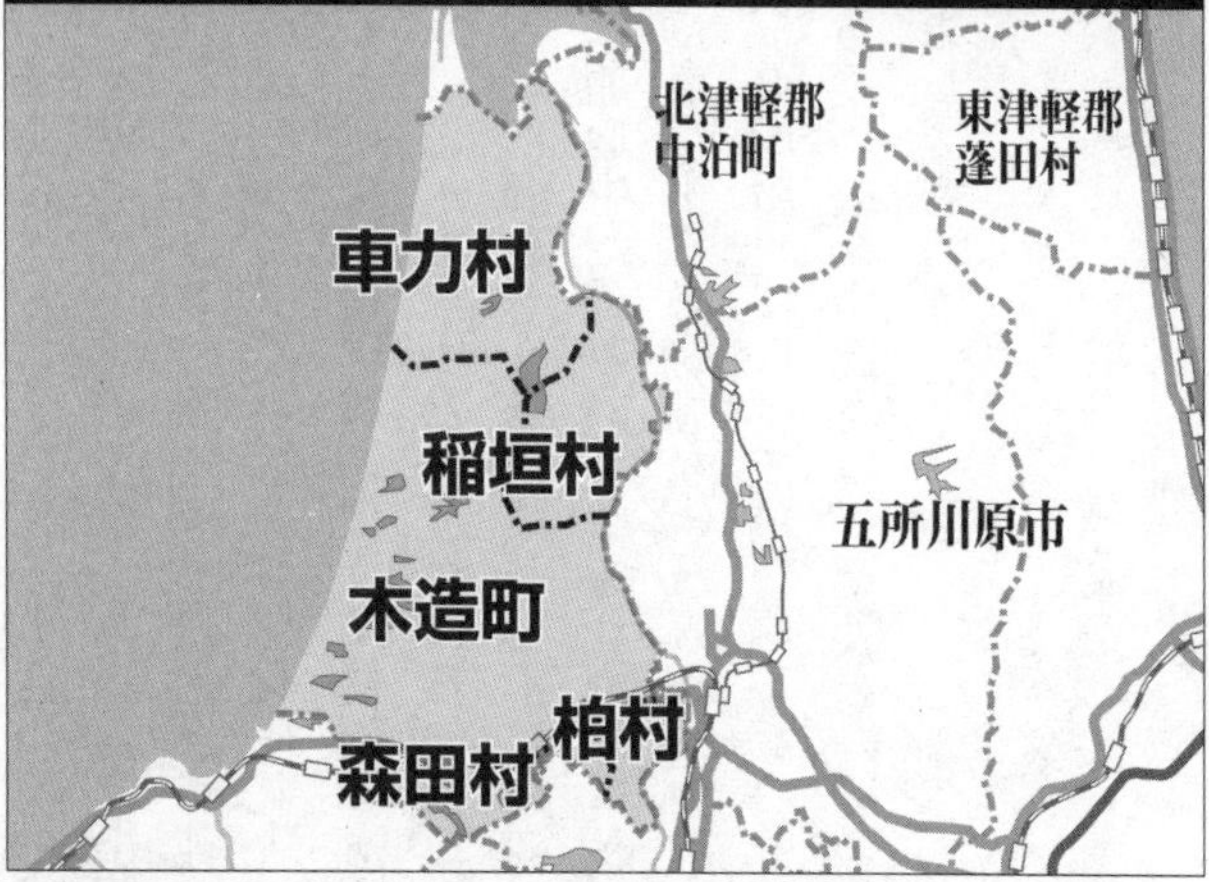

合併効果による歳出削減額ランキング

県内順位	全国順位	市町村名	県内順位	全国順位	市町村名
1	76	つがる市	13	454	中泊町
2	155	むつ市	14	466	五戸町
3	247	平川市	15	491	深浦町
4	253	五所川原市	16	525	八戸市
5	260	南部町	17	542	青森市

※信金中金月報2006年9月号より作成

世界自然遺産の恩恵をじんわり享受する五能線沿線

過疎もかえってＯＫ？　好調な白神観光

白神山地が世界遺産に指定されたのが１９９３年。実はこれが日本初の指定だった。以来、環境保護と観光収入の促進という大きく矛盾する課題に取り組むことになった周辺自治体、並びに青森県と秋田県だったが、そのノウハウ作りや設備などは近年かなり充実してきたようだ。

白神山地観光の目玉はブナの原生林や暗門の滝、白神ラインのドライブなど。で、重要なのが、これらがほとんど、西目屋村の中にあるということである。

また、白神山地観光の玄関口ともいえる白神山地ビジターセンターも西目屋村。つまり、それと知らない人が地図を見たら「本当に何にもない僻地の村」としか思えない西目屋村は、相当の資源を持っているのである。その西目屋村へ訪れる観光客数はかなりアップしている。2012年のデータでは、1年間に西目屋村を訪れた人は延べ約32万人。青森市の500万人弱や弘前市の約450万人とは比べられないが、地球規模で通用する素材が特別な設備投資なく存在するのは、かなり美味しい境遇にあることは間違いない。

で、ここからが重要。西目屋村ははっきりいって過疎村だ。人口は1500人を割り、ここ40年で半分以下になっている。だが、考えてもらいたい。1500人の村に32万人だとすると住民一人当たりの観光客数はなんと年間約213人。青森市が年間約16人、弘前市が約25人という数字と比べると、文字通り桁違いに多いのである。とはいっても、これがそのまま村民に落ちているかというと……落ちているんだなー。2011年のデータによれば、青森市民の平均所得は約241万6千円、弘前は約224万1千円なのに対し、西目屋村は驚きの359万1千円。こちらは桁違いとまではいかないが、平均で100万円以上差が出るというのは相当なものだ。ちなみに白神を挟んで反対側の海沿いは深浦町・鰺ヶ沢町共におよそ170万円。ダブルスコアである。西目屋村、恐るべしなのだ。

資源はあっても金が落ちるとは……

このように、不公平きわまりない状況は、如何にして生まれているのだろうか。もちろん、西目屋村が有利すぎるのは確かだ。しかし、深浦には五能線という「観光路線」となった路線があり、鰺ヶ沢町にだって白神山地はある。が、深浦、鰺ヶ沢はその構造と人口の多さがここではたたってしまっているのが悲しいところ。まず、確かに鰺ヶ沢町の領域には白神山地があるが、西目屋村と違って観光センターのような拠点がない。海沿いの国道101号線からいける二ツ森という白神山地の観光名所もあるが、ろくな公共アクセス手段がないのでほとんどの観光客は深浦、鰺ヶ沢を「ただ通過」するだけだ。五能線にしても「電車に乗って絶景を楽しむ」のが醍醐味なので、観光客は決して立ち寄らない。多少の観光収入があっても深浦町、鰺ヶ沢町共に約1万人程度の人がおり、とても全町民の収入アップは望めない。

その点では、村民ひとりひとりがリッチになるという点で、西目屋村の過疎化は(自然保護には人が少ない方が有利だし)むしろ歓迎すべきことだ。白神観光の後方基地たる青森や弘前は宿泊客がほしいから勝手に宣伝してくれるし、まあ当然西目屋村も努力はしているが、乱暴に言えば「何もしなくても余所が頑張って観光客を呼んでくれる」のだ。世界遺産だから県や国の援助も当然あるしね。

このような美味しすぎる条件を満たした西目屋村だけに、平成の大合併時に弘前市が合併を呼びかけた際も体よく拒否。派手さこそないが、世界遺産登録の恩恵を受けている西目屋村は、その権益を奪われたくはないのである。この先、過疎に比例してリッチになるであろう西目屋村。大自然も、ある種罪な存在だったりもするのだ。

日本の主な世界自然遺産一覧

登録名	登録日	所在自治体	保護管理
白神山地	1993 年 12 月	青森県 秋田県	白神山地自然環境保全地域
屋久島	1993 年 12 月	鹿児島県	屋久島国立公園 屋久島原生自然環境保全地域
知床	2005 年 7 月	北海道	知床国立公園 遠音別岳原生自然環境保全地域
小笠原諸島	2011 年 6 月	東京都	小笠原国立公園 南硫黄島原生自然環境保全地域

※外務省「我が国の世界遺産一覧表記載物件」などより作成

西目屋村を支えているビジターセンター。青森や弘前経由で多くの人が全国から訪れる

青森県コラム ④

青森リンゴの「頭脳」は黒石・藤崎にあり！

青森県の産業、ブランド力を支えるリンゴは、その育生に適した弘前を中心として主に津軽地方各地で作られている。本書でこれまで見てきたように、生産力に関しては断然弘前だが……実は青森のリンゴ界を影で支えてきたのは黒石と藤崎なのである。

1887年、黒石に興農株式会社というリンゴ生産の会社ができた。これが、現在もリンゴの品種改良につとめ、そのブランド力維持に大きな力を発揮している「青森県りんご試験場」（青森県産業技術センターりんご研究所）の元となった場所である。また、この前年には藤崎に敬業社が発足し、これが青森における会社組織によるリンゴ栽培の嚆矢となっている。

現在のりんご試験場が発足したのは1931年。青森県農事試験場から園芸部が分離し、黒石で青森県苹果試験場となったのがその始まり。で、この頃に

のちの運命を左右する重大な新品種が誕生している。藤崎にあった農林省園芸試験場東北支場（現在の果樹研究所リンゴ研究拠点）で、デリシャスと国光を交配させて作られた「ふじ」だ。

ふじは、現在では袋掛けを行うふじと袋掛けを行わないサンふじという2ラインのブランドが生産されているが、これは黒石や藤崎の研究施設の研究成果により定着したもの。ふじが品種として登録されたのは1962年と開発から実に23年経ってからだが、この間ずーっと研究は続いていたようだ。

そして、ふじが青森リンゴの主力となったのは案外最近で1974年以降。この年、見た目は袋掛けされたふじに劣るが味では勝るサンふじの生産・販売を推進する協議会が発足。1982年には長年の努力が実り、ふじがデリシャス系を生産量で抜き、翌年にはふじと陸奥をかけた「北斗」が登録。収穫期がうまくずれ、また冷害や寄生虫に強い品種改良の努力は今も黒石、藤崎などのリンゴ開発拠点で続けられている。

このように、確かに生産拠点は弘前でも、青森リンゴを開発し、天敵である病気や害虫から守ってきたのは黒石と藤崎の研究施設なのだ。このことを地元のリンゴ農家はちゃんと知っていて、「黒石のリンゴは天皇家に納入しとる」とか「技術力なら藤崎が一番」とか言うのは根拠があることなのだ。まあ、それを上手く利用してトップを走り続けているのが、やっぱり弘前の「賢さ」ってやつなんだろうけど。

第５章
八戸の朝市だけでは南部の衰退は止まらない!?

八戸の中心街は年寄りだらけ
若者よ！　どこ行った？

中心街はホンハチ　しかし駅はヤバめ

青森駅＆新青森駅と同様に、新幹線停車駅である八戸駅と市の中心街最寄り駅となる本八戸駅は、距離がかなり離れている。八戸駅前には観光物産館・ユートリーがあるのみで、観光をしたいなら八戸線で2駅離れた本八戸駅へと移動する必要がある。

そしてその本八戸駅も、事前に「中心街に近いのはこっち」という情報だけ聞いて訪れたなら、恐らく仰天することだろう。駅前の規模だけを比べたら、八戸駅がはるかにマシに思えるほどに、本八戸駅周辺は寂れている。北口にはホテルが数件、市街地側の出口となる南口も、出てすぐは木造の民家がぽつぽつと立ち並ぶのみで、「どこが中心街なんだ！」と叫ばずにはいられない。それもそのはず、八戸市の市街地と本八戸駅は徒歩で15分ほどの距離が離れており、その間は地方の寂れた住宅地でしかないのだ。

ホントにこっちで合ってるのか、と思いながら狭めな2車線の道を歩き続けると、まずは八戸市庁舎と三八城公園が現れて、そのあたりから突然「都市」っぽさが増してくる。そして中心街へと至ると、それまでの何もなさはなんだったんだ、というくらいの立派な繁華街が顔を出す。この段階で、ようやく「八戸は青森県内トップ3の都市である」ということが、嘘ではなかったとわかるのだ。いまだに駅員が手作業で切符を処理する平屋作りの駅や朽ち果てる寸前の駅前だけを見て、早合点しなくて本当に良かった！

八戸の若者はイオン下田に集結

市街地には東北地方に展開する百貨店・さくら野や、若者向けのテナントも多いチーノ、ブランドショップも入るファッションビル・ヴィアノヴァといった商業ビルに、新たな名所となりつつある屋台村・みろく横丁などの飲食店が密集。約70万人といわれる八戸商業圏（岩手北部も含む）の中心街だけに、都市として必要なものは揃っている。が、街中を一通り歩いてみての感想は「年寄りしかいねぇ！」である。

日が暮れた頃には近隣の学生がバス停に姿を見せ始めるが、それまでは本当に老人しか歩いていない。そして見かけるのは中高生ばかりで、大学生とか会社帰りの若者の姿をまったく見かけない。街の規模は充分なのに、これはどうしたことなのか。

その理由は、そもそも八戸市街地は「歓楽街」つまり夜の飲み屋街としての性質が強く、若者が集まるような作りになっていない（前述のファッションビルも苦戦中）という事情があり、そして若者は循環バスも周る市郊外のショッピングモール、ラピアやピアドゥの方がお気に入りであるということ。そして近年は、さらに規模の大きなショッピングモールである、北隣のおいらせ町・イオンモール下田へと完全に客足を吸い取られているのだ。

1995年に開業以来、シネコンやボーリング場などの娯楽施設に多数の飲食店、ファッション系テナントが入居し規模を大きくしていったイオン下田は、八戸から伸びる有料道路沿いという立地もあって、モールの規模どころか周辺エリア一帯に新規店舗出店を促し、あらたな商業圏を作り出すレベルに成長した。車がなくとも八戸や三沢からバスも運行しているから、近隣の若者はとにかくイオンへと詰めかける。八戸から車を使う場合でも、下道を通っても約30分だから、車社会の青森にあっては「ご近所」みたいなものである。飲み屋メインなだけに車で気軽に出かけられない、そして駐車場も少なく通りも一通だらけで、車で行きにくい八戸中心街よりもはるかに魅力的なのだ。

かくして八戸にはハイカラな施設に用がないお年寄りと近所の呑兵衛だけが取り残される。娯楽に飢えた地方民にとって、イオンはオアシスのような存在となるのだ。他の地方でも同様なのだが、恐るべしイオンモールの集客力！

八戸や三沢から客を完全に奪ってしまったイオンモール下田。デカすぎて敷地内で迷うレベルだ

新鮮さにこだわる南部民の食卓

漁港としては最高クラス　国内有数の八戸漁港

江戸時代には「八戸浦」「鮫浦みなと」などと呼ばれ重要な港として知られていた八戸港は、昭和35年に特定第三種漁港にも指定され、名実ともに全国有数の魚港となる。この特定第三種漁港とは、わかりやすく言えば「港のグレード」を表わすもので、第一種は周辺漁民が使う程度の規模、第三種が利用範囲が全国的な規模、第二種がその中間。そして特定第三種となると、国内でも特に大規模な港となり、全国に13港しか指定されていない。もちろん青森県内では八戸港のみだ。津軽地方で大規模な港となると鰺ヶ沢港くらいなものなのだが、南部には八戸港に加えて三沢港、大畑港があり、そもそも港の数自体も津軽が40港に対して南部は52港。漁業に関しては南部の圧勝といっていいだろう。ちなみに、南部というか下北半島ではあるが、マグロで有名な大間港は第一種漁港。揚がるのが超高級魚であるマグロなので有名になったが、特に漁獲量が多いワケではなかったりする。

実力はトップレベルだが漁業自体が沈下中

全国的に「八戸」のイメージとしてドッシリと定着しているのが、八戸港に水揚げされるイカである。八戸港は日本一のイカ水揚げ量を誇る港で、湾内には常に多くのイカ釣り漁船が停泊している。

イカと一口に言ってもさまざまな種類がいるのだが、ライトをギラギラ照らすのでおなじみのイカ釣り船は、近海でのスルメイカ漁を行っている。また日本海側、三陸沖、一気に距離を伸ばして南太平洋やニュージーランド沖まで出かけていくイカ釣りの遠洋漁業も盛んで、こちらは各地で獲れるイカ（赤イカなど）を船で釣ったそばから凍らせて持ち帰る。イカ以外では近海モノならカレイ、サバ、カニ、サケ、イワシ、遠洋ならスケトウダラなど、季節によってさまざまな魚が水揚げされている。

規模の大きな港なだけに、市内には漁師をはじめとした漁業関係者も多く、彼らの食卓には毎日のように季節ごとの美味い魚がのぼる。漁師によっては産地直送の魚をご近所にタダでバンバン配るケースも多く、「魚はタダで貰うもの」という認識の住民も多い。流通を経由して鮮魚店に並ぶよりも早く台所までやってくるのだから、その美味さも想像できよう。八戸で育ち、進学や就職で都市部に出て、はじめて「ああ、地元で食ってた魚って、美味かったんだ」と実感する人も多いという。毎日食ってりゃそれが普通の味だから、美味いもマズいも比較ができないのだというから、贅沢な話ではある。

地元民はさておいて、やや内陸部だったり近所や親戚に漁師がなければ、市内の鮮魚店で買うか居酒屋などで魚を食べることになる。そこで誕生したのが、八戸港に揚がる魚を1カ所に集めた巨大魚市場「八食センター」だ。センター内には買った魚介類をその場で炭火で焼いて食べることができるエリアもある。回転ずし屋や魚介系の飲食店も多く入っており、市内の観光名所ともなっている。八戸駅からは100円で八食センターまで行ける巡回バスも通っており、この点も観光客にはありがたい。朝市と違って早起きする必要もなく、八戸市ならではの観光スポットとして人気となっている。

ただし、近年は国際的な漁業規制や漁船の燃料代の高騰、そもそも世界的に漁業資源が減少していること、そして漁師の高齢化と跡取り問題などで、漁獲高自体は減少の一途を辿っている。これは八戸港だけではなく他の漁港でも同様なので、現在でも全国トップレベルの漁港（2013年度は水揚げ量、水揚げ額共に全国7位）であるのは確かで相対的に八戸港の価値は変わらないのだが、肝心の地元漁師はかなりツライ状況に陥っている。第一次から第三次まで産業が揃っているのも八戸のウリなだけに、なんとか上手く盛り返して欲しいものだが、「世界的に魚が減ってます」なんて問題はどうしようもないワケで……。

強力な漁業基地である八戸港。その恩恵を地元が享受できるようなシステムの構築には成功している。あとはこれを最大活用するだけ

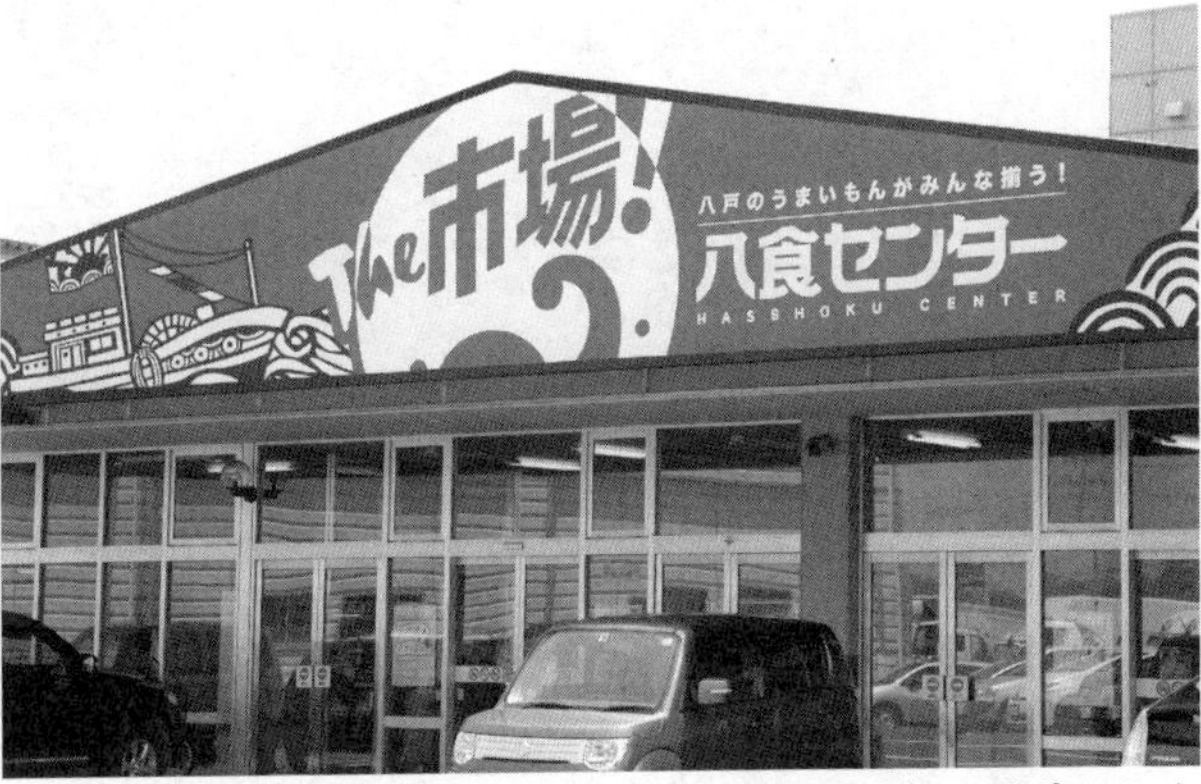

「八戸のうまいもんがみんな揃う！」がキャッチコピーの八食センター。ネットショップもある

南部を支える八戸の工業もそろそろ限界!?

工業の実力は県内イチ……かと思いきや!?

八戸漁港の存在と共に、北東北随一と呼ばれる工業地帯を抱えるのが八戸市の強みだ。そもそも大正時代から大規模なセメント工場など工業の下地があり、1949年ごろには馬淵川の河口工事によって工業誘致に適した広大な土地も生まれていたことから、1964年に国が進めていた「新産業都市」の計画区域に指定される。これは既存の工業都市に重要な工業地帯が密集することを避けるために、各地に大規模な工業地区を分散させることと、地域間の経済格差を是正するため、つまり地方の振興策でもあったため、指定された八戸市は工業都市として一段と発展することとなる。

新産業都市計画は、当初約10地区が指定される予定であったが、その恩恵が大きいだけに全国から44の立候補が寄せられた。青森では当初八戸のみが名乗りを上げるはずだったのだが、なんと青森市が八戸を出し抜いて、先に申請してしまったことから揉め始める。この内紛により青森県は他の県よりも申請自体が遅れてしまい、下手をすれば指定地区から漏れてしまう危険性すらあったのだが、とにかく県内での「八戸一本化」がうまくいかない。そこでなんと、隣県である岩手県へも応援を頼み、２県協力しての「新産業都市に八戸を！」のキャンペーンを打ち、なんとかギリギリでの指定（最終的には15都市が指定を受けた）を勝ち取ったのだ。

これは岩手県北部に近い八戸が指定されることにより、岩手県へも経済効果が及ぶことが理由なのだが、「津軽になんか渡すものか」という旧南部藩連合の渾身の一撃だったとも考えられる。そもそも青森市が余計な抜け駆けをしなければすんなり行っていただけに、南部藩域が協力しての運動となったのではなかろうか。

そんなワケで、八戸市が現在のような工業都市となったのは、ちょうど50年前の新産業都市指定から。さすがに半世紀も経てば施設も老朽化してくるものだが、県内の工業出荷額を調べてみると、まだまだ現役で断トツトップであった。青森市、弘前市などには小規模な工業エリアがあるだけで、八戸ほどの規模には至っていない。

が、主な都市の工業出荷額を調べていて、実は八戸をはるかに上回る数値を叩きだしている都市を発見してしまう。それは六ヶ所村で、説明の必要もないだろう原発関連施設に石油備蓄施設である。八戸市にも火力発電所はあるものの、やはり原発関連と火力では重要度は段違い。六ヶ所村にあるのは発電所ではなく核燃料の再処理施設だが、日本で唯一の施設なだけにかなりの額の資金も投入されているようだ。

県内の全出荷額に対する比率だと、八戸市が23・6パーセント、そして六ヶ所村が41・1パーセント。しかし原発マネーを「工業出荷額」と計上してもいいものか、という気もするので、純粋な工業力という意味では、やはり八戸市がトップではある。

そろそろガタも目立ってきているので新規で大企業でも誘致できればありが

県内主要都市の工業出荷額比較

市名	出荷額（万円）	市名	出荷額（万円）
八戸市	15,014,340	十和田市	1,784,110
青森市	3,602,934	三沢市	1,885,487
弘前市	5,136,966	平川市	1,204,076
黒石市	1,427,401	六ヶ所村	26,109,295
五所川原市	816,342	おいらせ町	947,016
青森県	63,487,903	県内における八戸市の比率	23.6%

※八戸市公式ホームページより作成

たいのだが、こんなご時世だから実現は厳しいか。今ある工場をフル回転させて、トップの座を守り抜きたいところだ。

※　※　※

東日本大震災で発生した大津波。東北地方の太平洋沿岸は、ほぼ全域にわたって大きな被害を受けたが、僅かにではあるが無傷、もしくは「よくこの程度で済んだ」レベルのダメージに留まった場所がある。八戸の蕪嶋神社はその象徴のひとつとして有名になった。

蕪嶋神社はそれだけではなく、「ウミネコの島」としても有名だ。蕪嶋神社は蕪島という場所にある。元々は文字通り島だったのだが、戦時中に旧海軍が埋め立て工事を行い、現在は地続きとなっている。蕪嶋神社は鎌倉時代に江ノ島（神奈川県）の弁財天を勧進したことに始まるといわれる。弁天様は商売や子宝の御利益が有名だが、船乗りの守り神でもあり、古くから信仰を集めてきた。そんな「海の神様」の神社だからか、この島はウミネコの大繁殖地となっている。繁殖期には3万羽を超えるウミネコが集まり、蕪嶋神社の参拝者はウミネコの「フン攻撃」を受けることも含め、「名所」となっていたのだ。

しかし、津波にも耐えた蕪嶋神社に悲劇が起こる。2015年11月、突如発生した火事によって、焼失してしまったのだ。当初放火の疑いももたれたが、幸いというべきかどうか、出火の原因は配電盤など電気系統のトラブルだったということがわかっている。

現在蕪嶋神社は再建が進んでおり、2017年3月には基礎工事が完成。ウミネコが別の場所に移る9月から第2期工事が始まっている。2019年には社殿が完成、2020年には一般開放の予定となっている。

この再建にあたって、蕪嶋神社は寄付金を募ったのだが、津波にも耐えきった「復興のシンボル」であるだけに、2017年時点で1億7000万円を超

夏に訪れれば島中がウミネコだらけ。ヒッチコックの映画「鳥」ばりの光景になる（写真は火災が起きる前のもの）

える寄付金が集まっている。保険金を合わせ、３億円弱の再建資金を確保できたが、まだ不足しており、神社は引き続き寄付を募っている。

さて、そんな状態の蕪嶋神社だが、相も変わらずウミネコは毎年やってきて、盛大にフンを降らせている。このフンに当たると「運がつく」わけで、社務所に報告すると「金運証明書」をもらうことができる。社殿に入ることはできないが、参拝は可能。フンよけの貸し出し傘も健在で、今も多くの参拝客を集めている。

津波だけではなく、蕪嶋神社は火災にも耐えきることができそうだ。

兵隊さん大減少で三沢のアメリカ村は大ピンチ!?

自衛隊と在日米軍が同居する基地の街

基地の街として有名な三沢市には、航空自衛隊、在日米軍が共同で基地を置く。基地は戦前から存在したが日米両軍が使用し始めたのは1958年から、いずれも空自、空軍であり、冷戦時代などは北方・ソ連（当時）の領空侵犯などがあった場合は、三沢基地からのスクランブル発進が行われていた。在日米軍の空軍基地としては最北端で、空軍に限らず在日基地としてもキャンプ千歳（通信基地）に次いで北に位置する。対ロシアという意味で、より近い北海道が拠点とならなかったのは、やはり雪の少ない南部地方のほうが冬季の発着に便利だったから、なのだろうか？

一応は「反撃要員なので直接攻撃されない位置でないと問題がある」ためだともいわれているので、あまりソ連に近すぎるのも問題があったのかもしれない。

また両軍が使用する飛行場は、民間機も発着する三沢空港としても使用されており、このような形態の空港は日本で三沢のみ。一般客として三沢空港を利用した場合、ターミナルビルの屋上にある送迎デッキからは、自衛隊機もしくは米軍機と思われる機体を見ることができる場合もある。

三沢の街に変化あり　米軍関係者はどこへ

米軍基地がある関係から、三沢市には多くのアメリカ人が暮らしている。軍人やその家族を含めれば約１万人、これは市の人口の約25パーセントにあたる。それだけに繁華街などは、やけにアメリカナイズされた店構えが多く、市の側でも「三沢アメリカ村」としてアピールしている。しかし、そんな三沢市の街中で、最近ちょっとした変化が起きているという。なぜだかわからないが、アメリカ人を見かける頻度が減り、どうも三沢から軍人の数自体が減ってきているのではないか？　というのだ。

基地施設内にも飲食店や商店は揃っており、軍人さんたちも基本的には基地からあまり出てこなかったので、これまでだって街中がアメリカ人だらけということはなかった。とはいえ軍人の家族なども市内で暮らしていたから、生活圏内でアメリカ人を見かけることは多かったのだが、最近は「家族連れすら減ってきた」のだという。筆者が個人的に沖縄を旅行した際、やはり基地の街・沖縄市コザではアメリカ人の御婦人が子供を連れて夕食の買い物するなど、大勢のアメリカ人が普通に暮らした。三沢でもそうした姿は当たり前だったが、確かに取材中は街中でアメリカ人には出会っていない。

基地の街とはいえ地方の小都市なので、三沢市は土地余り状態であり、米軍家族向けに貸し出される一軒家も数多い（アパートなどに詰め込む必要がない）。それらの賃貸住宅も、空き家率が高まってきているそうで、そもそも住民が少ない三沢市にとってはちょっとした「空洞化」が起きている。そしてなんとも不気味なことに、その理由がよくわからないのだ。

米軍関係者とその家族が減るとしたら、他の基地に転属となるか、本国へ帰国したことになる。そして軍人の移転や帰国となると、理由が軍事機密に絡んでくるだけに、きっちり説明されるようなこともない。結果としてアメリカンな街並みは、見た目だけ立派なゴーストタウンになってしまっている。

理由は推測するしかないものの、近年緊張関係にあるのは中国や北朝鮮であり、対ロシア任務が主だった三沢基地は仕事が減ってきているのかもしれない。基地の街が活気づくということは、軍人の出番が多い情勢と言う事だから、その意味では平和の象徴であるとも言える。活気が失われると平和、というのも皮肉な話だが……。

なお米軍と基地を共同利用する自衛隊員の場合は、公務員のようなもので転勤（転属）を繰り返すため、あまり街に根付くということはない。よって昔からその存在感は希薄だったようで、今後もその扱いに変化はないだろう。ただし震災時には自衛官の実力を目の当たりにしているから、街に基地があるというのは住民にとって安心感にも繋がっているという。

米軍関係者の数が減り空洞化が進む三沢の街。冷戦期に比べ軍事的な重要性が減った影響なのかもしれないが、原因はよくわからない

自衛隊、在日米軍共通の基地ゲート付近だと、さすがに多くの軍関係者を見かける

北朝鮮の「ロケット」発射　三沢はその時？

２０１７年、朝鮮民主主義人民共和国（北朝鮮）は大陸間弾道弾の開発、実験を本格化させた。これに対し、日本では警報体制の整備や地対空（対ミサイル）ミサイルの配備見直しが行われたが、長く対ソ防衛の拠点であった三沢では、どのような動きがあったのだろうか。

自衛隊の八戸駐屯地では、２０１７年8月に地対空誘導弾パトリオット（ＰＡＣ３）の機動展開訓練を実施し、報道関係者に公開。約20分で迎撃態勢を整えることができることを実証した。また、北朝鮮のロケット（ミサイル）実験で問題になった破片の捜索には、毎回三沢から哨戒機が発進し、その監視にあたっている。

しかし、こう書くと非常に物々しいのだが、軍事の「常識」からすると、三沢の体制は特に変化の必要はないともいえる。今回問題になった北朝鮮のミサイルは、あくまで大陸間弾道弾。つまり、太平洋を越えてアメリカ本土を直接攻撃可能な兵器の開発である。北朝鮮に近い日本の場合、北朝鮮は１９９８年には「テポドン」で日本列島を越える射程を実現しており、直接的な危険性は、もう20年も前から存在していた。北朝鮮から日本までの距離は、ミサイルの分類では「中距離」「準中距離」であり、ある意味2017年のミサイル発射実験問題は「日本とは関係がない」ものともいえるのである。

ただ、こうした国際（紛争）問題に際して、その対策は「きっちり防衛体制を整える」か「一切の対抗手段を持たない」、もしくは「先制攻撃を行う」のどれかが正解となる。日本は防衛体制を整える方を選んでいるので、今回のミサイル発射実験に「便乗」して、不足していた対空防衛装備の充実や、行うことが難しかった訓練を実施できたと捉えることもできる。現在の対ミサイル防衛ドクトリン（原則）が有効かどうかの評価は別として、その意味では成果があったといえるだろう。

世間は大騒ぎをしていても「常識」から考えれば、自ずと「三沢は変わらず緊張状態にある」ことがわかる。今更大騒ぎすることもナンセンスだし、「安全じゃん」と楽観視しすぎるのも間違いなのだ。

南部はスケート　津軽はスキー　夏は野球で火花を散らす

氷都の名も今は昔　ホッケー事情は悪化中

八戸市は「氷都」としても知られているが、これはウインタースポーツでも特にスケート競技が盛んであることに由来する。

青森といえば豪雪イメージが強いが、南部地方、三八地方は比較的（あくまで津軽や下北と比べて）雪が少なく、スキー競技よりもスケートがメインとなった。また雪が少ないとはいえ寒さは厳しいため、屋内リンクに限らず屋外でもスケートを楽しむことができたのだ。これが豪雪地帯となると、屋外リンクの場合は滑る前に除雪作業が必要となり、また雪の量も半端ないためとてもじゃないが使用に耐えない。そのかわり、ちょっと足を延ばせばスキー場がある環境が整っているのだ。

なお、「氷都」八戸は前述のように雪が少なく寒さは厳しい、つまり冬季は路面がガッチガチに凍りつくためそう呼ばれるのだ、というのはご当地ジョークでありつつ、事実でもある。

さて、八戸には、スピードスケートやアイスホッケー用のリンクも整備されており、中でも大規模なのが八戸市内にある長根運動公園の長根公園スケートリンク、そして南部山健康運動公園の田名部記念アリーナ。またご近所の三沢市には、県内最大規模といわれる三沢アイスアリーナもあり、各会場では全国規模のアイスホッケー大会も開催されている。

が、にもかかわらず、八戸市民は自虐的に「八戸にはスケート場がない」などとぼやいたりもする。これは前述の競技場を知らないワケではなく、「県の施設」としてのスケート場がさっぱり整備されていない、もっといえば「県営のスポーツ施設が皆無」なことを指している。もちろん八戸市でも青森県に対して「県の財源で大規模なスケート競技場を」と長年要望し続けているのだが、ようやく実現するかと思われていた矢先の2013年、県ではなく市の負担で建設するという合意が発表された。

これは県営屋内スケート場にこだわると、予算手続きの関係上で完成時期が大幅に遅れるため、早期完成を目指しての妥協だとのことだが、期待を裏切られた市民は「またか」と大いに落胆した。

さらには、既存の室内リンクも慢性赤字の状態で、管理状態もかなり悪化しているという。こうした状況が影響しているのか、市内のアイスホッケーレベル、顕著な例として高校ホッケーのレベルは低下の一途を辿っている。かろうじて名門・八戸工大一高が強豪校として頑張っているが、その他の高校は実力的にいまひとつという、残念な状態だとか。立派な屋内リンクを持つ三沢勢にも追いつかれつつあるというし、テレビのニュースでも、「氷都」という単語は「復活なるか?」という煽りとセットで使われているから、「大規模県営リンクを起爆剤に!」という思惑がハズれた落胆は大きいのだ。県を2分した場合、県庁が津軽（青森市）だから県政も南部に冷たいなどともいわれるし、ここでも津軽VS南部の対立が顔を出す!

高校野球でも東西確執　近年は南部勢が優勢！

　ウインタースポーツは東西で傾向がきっちり分かれるが、県内共通の夏のスポーツといえば、もっとも盛んなのが高校野球。近年は青森山田高校（青森市）と八戸学院光星高校（八戸光星、八戸市）が2強状態となり、毎年どちらかが甲子園へと駒を進めている。２０１２年は八戸光星が春の選抜、夏の甲子園と2大会連続で決勝へ進出、しかも対戦相手がどちらも大阪桐蔭高校（大阪府）という同一カードとなった（史上初）ことも話題を呼んだ。また２０１１年にも決勝進出、２０１４年には準々決勝進出と、近年では青森山田より八戸光星の方が成績としては優勢なのが、南部人にとって鼻が高い。こうした好成績が続いてはいるものの、いまだ優勝することができておらずジレンマも感じているが、これは「優勝旗は白河の関を越えられない」などといわれるように、東北の高校がいまだ優勝できずにいるから、青森のみの事情でもない。冬季に屋外での練習ができないことから、基礎体力や技術面、練習量で他地域に劣るためではないか、などともいわれている。野球はともかく冬の屋外競技・サッカー

夏となれば全県あげて高校野球に熱中する。青森山田も八戸光星も強豪校として全国的に有名だ

はさっぱりだから、影響は皆無とはいえないだろう。

また、別の問題として「スポーツ強豪校は金で県外選手を買っているだけ」という批判もあるが、これは青森に限らず全国的に見られる傾向。スポーツで名を売りたい私立高校は全国にあるから、青森県内の私立高だけを責めるのもどうだろうか。純粋な県内出身者だけで甲子園を勝ち進むようなことがあれば、地元もより燃え上がるのだろうが、そうなると人口が少ない青森は他県より不利ともなるワケで……。

壊滅寸前の十和田湖観光その意外な理由とは？

全国レベルの観光地も今や廃墟だらけに

青森県と秋田県にまたがり（面積的には青森が6割）、観光地としての知名度は全国レベルなのが、十和田市の十和田湖。近隣には新名所として売出し中の奥入瀬渓流などもあり、また周辺域が十和田八幡平国立公園として整備されている。湖畔には詩人にして彫刻家、高村光太郎による「乙女の像」があり、また広い面積の湖を観光船が周遊。古くから観光地として整備され、多くの旅館や土産物屋も並び、関東から東北圏では修学旅行地として選択されることも多かった。

が、残念なことに、現在の十和田湖観光はほぼ破綻しかかっている。観光シーズンとしてはピークのはずである7月下旬に訪れたのだが、観光客は目視で数えられるほどしかおらず、またほとんどが２～３人の少人数グループ。１時間ほど滞在したが、団体観光客は1組を確認できただけだった。

湖畔を囲むように建てられている観光ホテルも、そのほとんどが廃業しているようで、入口や窓には無造作にベニヤ板が打ちつけられている有様だし、中には壁や窓ガラスが崩壊したまま放置されているものすらあった。

全国に31カ所ある国立公園の中で「十和田ほど廃屋が集中している所はない」と環境省から名指しされてしまうほどの荒れ様だが、廃業した経営者は連絡が取れなくなった者も多く、解体しようにも権利関係がクリアできず放置するしかないのだという。一体全体、なぜこんな有様に？

車社会化で泊り客減少　原発事故でトドメ

十和田湖のみではなく国立公園全体の数値ではあるが、過去10年間の観光入込客数を見ると、年々数を減らし続けている。２０１２年は復調したように見えるが、これは11年が震災の影響から大幅減となっていただけで、10年と比べればやはり減少している。

十和田湖観光の敗因は「修学旅行客を重視しすぎたこと」だといわれており、要するに団体客以外は眼中にない「驕り」があったという。しかし近年では、青森に限らず各地で新幹線が開業するなど、修学旅行先の選択肢は大幅に増えた。これが周遊船くらいしか実はレジャーがなかった十和田湖には逆風となり、また団体客重視の姿勢から個人観光客にも嫌われた。

そして11年の東日本大震災と、それに伴う福島第一原発事故が、マイナス傾向にとどめを刺した。福島の影響が青森まで⁉ と驚くかもしれないが、これは放射能汚染が青森に及んでいるという話ではなく、関東方面の団体客が「福島以北を選択肢から外した」ためである。これは青森に限らず日本中で見られた傾向で、北関東や東北は全体的に観光客数を減らし、西日本、とくに九州は大幅増となっている。もっとも好影響（というのも不謹慎だが）を受けたのは、九州の長崎県だといわれており、また九州新幹線の全線開業により鹿児島県も客数激増となっている。2015年頃からはようやく回復傾向が見えてきたが、それでもかつての賑わいにはまだまだ遠い。

直接的な原因として挙げてもいいのか微妙な部分もあるが、車社会化が日本中に行きわたったおかげで、昔のような大型バスを使った観光旅行から個人旅行に嗜好が移ったという事情もある。

かつての観光客は、バスで集団でやってきて、観光地付近の旅館で１泊してから帰って行った。それが自家用車による個人旅行客が増えてくると、車で日中やってきて、そして日があるうちに十和田市内なり弘前、青森、八戸なりに戻ってしまう。夜になれば飲食店もないような場所に、誰も泊まってはくれなくなったのだ。

今後は「お願いして来てもらい、楽しんで帰っていただく」ような魅力ある環境を作らなければ、より寂れていくだけだ。まずは着いた瞬間に観光気分を台無しにされる、湖畔の潰れたホテルをどうにかするところから始めて欲しい。あとは、ガラガラで持て余しているくせに、いつまでも駐車場を有料で運営するのも、そろそろやめたらどうだろうか？

過去10年間の十和田湖観光入込客数

年度	客数	年度	客数
2007年	2,807	2012年	1,992
2008年	2,286	2013年	1,819
2009年	2,555	2014年	1,920
2010年	2,343	2015年	2,005
2011年	1,612	2016年	2,070

※単位：千人　※青森県観光国際戦略局調べ

十和田湖に代わり近年売込み中なのが奥入瀬渓流だが、やはり周辺ホテルの需要増とまではいっていないようだ

トンデモ伝説目白押し 新郷村は青森のびっくり箱だ!!

世界宗教の根底を揺るがす墓が存在

さまざまな観光名所を持つ南部地方、いや青森県全体で見ても、ひときわ異彩を放っているのが新郷村の「キリストの墓」。キリスト教は中東発祥で、西欧を始め広く信仰される世界宗教だが、そのキリストが実は日本へ渡り青森で没したというのだから仰天だ。

そもそもキリストは、時のローマ政府によりゴルゴダの丘で磔にされ、その後復活を遂げるなど、その生死は教義に関わる重要な部分だ。それが「実は日本で亡くなってました」というのでは、現在のキリスト教そのものが成り立たなくなってしまう。

この伝承は、オカルト界隈では有名な古文書である竹内文書にある記述が元になっており、その内容をかいつまんで説明すると、以下のようになる。

そもそもキリストは、垂仁天皇（第11代天皇、在位は紀元前70年〜29年）の頃に日本に渡り、天皇の弟子となる。33歳の頃にイスラエルに戻り、日本の天皇の素晴らしさを説いてるが受け入れられず磔にされそうになるが、弟・イスキリが身代わりとなり逃げ延びる。その後はシベリア経由で日本へと戻り、新郷村で没した……。

突っ込みどころは満載ながら、前述の竹内文書に記された記述を元に調べて見たらキリストの墓を発見、というのが現在の伝説に繋がっており、新郷村でも観光名所としてこの墓を活用している。

キリストの墓の正面には、なぜか身代わりとなったはずの弟・イスキリの墓もあり、さらには付近にはこの墓を代々守ってきたという沢口家のお墓も。こちらは一般的な日本式の墓地だから、巨大な十字架2基と和式の墓地が並ぶ光景はかなり異様だ。

なお新郷村は伝承をきっかけにイスラエル市と友好関係を結んでいるが、先方的に問題はないのか気にかかる。キリスト教のご本家として、認めちゃっていいの？

伝承の元となった竹内文書は、現在では「偽書（ようするにデタラメ）」と見られているから、当然ながらキリストの墓伝説の信ぴょう性も……ということになる。そもそもキリストの弟の存在など聖書に載っていないし、もっといえばキリストが日本に来ていたとしたら、聖書自体が嘘になる。竹内文書は「早すぎたラノベ」で、新郷村は最近よくあるアニメで街おこしの早すぎた例とでも考えておけばいいだろう。

ちなみに、新郷村にはもうひとつのオカルト名所である「大石神ピラミッド」も。これも竹内文書に記された「日本にあるピラミッド7つのうちの1つ」だというが、一般的にイメージされる石造りの三角形なアレではなく、自然の山をピラミッドと見立てている。

このふたつのミステリースポット以外にも、青森県には「釈迦の墓がある」「やたらと鬼を祀っている」「日本の中心、と謎の文字で書かれた石碑がある」など、オカルトマニアにはたまらない伝説が目白押し。また「源義経が落ち延びて大

青森県にある「謎の伝説」一覧

新郷村「キリストの墓」伝説
新郷村「民謡・ナニャドラヤ　ヘブライ語説」
新郷村「大石神ピラミッド」
田子町「ドコノ森　神代文字の石」
八甲田山近辺「消えた村・杉沢村」伝説
弘前市「鬼神社」と鬼伝説
階上町　下り坂なのに勝手に登る「後戻りの坂」
東北町　謎の石「日本中央の碑」
中泊町「徐福伝説」
青森市「釈迦の墓」伝説
津軽地方各地「鬼信仰・鬼伝説」
青森県各地　源義経北行伝説

※各種資料から作成

陸に渡った」という北行伝説もあり、各地には義経ゆかりの地などが点々と存在している。県民性として「オカルト好き」あるいは「純粋すぎ」を追加してもいいかもしれない。

数あるオカルト伝承の中で、もっとも観光要素として活用している自治体が新郷村だが、なにも村にはキリストの墓とピラミッドしかないというワケでもない。村役場へ訪れてみると「〇〇日本一」「〇〇発祥の地」といったご自慢の要素が列記されている。県内での酪農発祥の地であるといい、また2005年には短命県にありながら、全国の市町村別の男性の平均寿命がト

あんまりにも滅茶苦茶な「キリストの墓」だが、トンデモ名所としての広告効果は侮れない。でも、ほんとにこれそのままでいいの？

ップとなったとか。信号の設置数が県内最小（たったの一基）という、自慢になるのかどうかよくわからないものまでアピールしているが、ようするに田舎であることを逆手にとってのＰＲだ。ちなみに、独特すぎる村の気風のせいなのか、周辺自治体との合併協議ではわがままを言いまくり、結局五戸、八戸両方からふられて現在は孤立気味。色んな意味でちょっと変わった村？

青森県コラム 5

八戸の新名所 三陸復興国立公園

2014年7月12日、八戸市の種差海岸に新たな観光名所が誕生した。「種差海岸インフォメーションセンター」は、三陸復興国立公園に種差海岸も指定されたことから作られた施設で、種差海岸&階上岳地域の自然環境紹介、種差海岸を訪れた文人の解説といった展示を行う文化的施設で、かつ種差海岸を訪れた観光客をもてなす休憩所ともなっている。筆者がこの場所を訪れたのは、超ラッキーなことにオープン日当日。実はいつ完成か知らずにとりあえず行ってみたところ、盛大なオープンイベントが開催されていて驚いた。大勢の周辺地元民や観光客が詰めかけており、特性のせんべい汁が無料で振るわれるなどして大盛況となっていた。繰り返すが、超ラッキー！

この国立公園は八戸の蕪島（ウミネコの島）を北端に、岩手県、宮城県のリアス式海岸全域が含まれるというかなり広大な範囲が指定されており、今後は

宮城県の南三陸金華山国定公園も編入される予定に。きっと日本の国立公園でも屈指のスケール！……などと思っていたが、実は31個中下から5番目であった（でも、やっぱとんでもなく広いよ）。

さて、もともとは岩手県沿岸と宮城県の一部（気仙沼市あたり）までが陸中海岸国立公園として指定されていたが、歴史的呼称としての「陸中」ではない地域も含むことから名称変更問題なども起きていた。そこへきて東日本大震災が発生し、当然ながら一帯は被災、この被害からの復興祈願という意味も込めて、やはり被災地であった八戸城までを含めて再編されたという経緯がある。ちょうど中心地あたりにある岩手県宮古市を境に、北部の隆起海岸（崖と砂浜が交互に現れる）、南部のリアス式海岸と地形が異なり、また希少な動植物も多かったのだが、震災の影響で生態系の破壊や地形の変化、砂浜の流出や沈降なども見られており、それらの自然の保全、復興も意図されている。

さて、話を種差海岸に戻すと、ビジターセンターが建てられたあたりは天然の芝生が一面に広がるエリアであり、芝生広場越しに美しい海岸線が眺められる絶好のロケーション。そこから海岸線沿いに北上していくと、切り立った岩場や崖、そして砂浜が交互に現れ、最終的には蕪島海水浴場、蕪島へと至る。全域を歩くことができる総距離700キロ、福島県まで続く「みちのく潮風トレイル」も整備されるなど、とにかく三陸の自然を満喫できるエリアとなっているのだ。

第6章
ほとんど国有化!?
日本の特殊地帯 下北半島

まさかり統一に失敗したが下北の名君は今でもむつ市

妥協から生まれた日本初のひらがな市

平成の大合併では色々と物議を醸す「ひらがな市名」が多数誕生。有名どころではさいたま市、つくばみらい市など、県内でもつがる市やおいらせ町（市じゃないが）が誕生したが、それらの先輩格が日本初のひらがな市・むつ市だ。むつ市も平成の大合併では周辺3町村と合併しているが、吸収合併のため市名は変わらず。現在の市名となったのは昭和の大合併にあたる1959年、大湊町と田名部町が合併し「大湊田名部市」となったことに端を発する。

旧市域の西側が軍港・大湊を持つ大湊町で、東側が下北半島の経済的中心地だった田名部町。歴史ある軍港の街とまさかりの下北経済の中心地は、どちらも新市名を譲らずに、最終的には「単純にくっつけちゃおう」ということで落ち着いた。しかし緊急避難的につけた市名は落ち着きが悪かった（当時としては日本一長い市名でもあった）ため、合併の翌年には市名を改称。選ばれたのは東北北部を広く指し、また湾の名前ともなっている「陸奥市」だが、この「陸奥」という読みは当て字であって、東北以外の地域から正しく読まれることが少なかった（みちのくと読むこともある）ため、ひらがな表記となったのだ。

こうして誕生したむつ市は、順調に下北半島の中心地として発展し、そして平成に入ると下北半島全域を巻き込んだ合併構想を立ち上げる。2001年ごろから下北郡9市町村での合併研究会を立ち上げるが、真っ先に東通村が離脱。その後も横浜町、大間町、佐井村、風間浦村と次々に離脱していき、最終的にはむつ市、川内町、大畑町、脇野沢村の4市町村での合併へとこぎつけた。

むつ市が振られた理由としては、まず東通村には原発財源があるため、基本的には貧乏な下北の自治体と一緒になるつもりはなかった。次いで北部の大間町もまた、大間原発建設計画が進行中。大間と接する佐井村、風間浦村は大間との合併を望んだ（これも大間が断ったが）ため、やはり離脱する事になった。

また、大間町、佐井村、風間浦村の3町村は、むつ市との間に険しい恐山山地がある（大畑、川内はほぼ全域がこの山中）ために、容易に行き来することもできない。生活圏としても違っている、というか北部3町村はほぼ孤立状態であったため、一緒に離脱を選択したのだ。

さて、下北半島のまさかり統一はならなかったものの、3町村を吸収合併しいよいよ下北の盟主としての地位を盤石にしたむつ市。これまでは大畑町域にあり、飛び地あつかいだった恐山も、これにて無事に地続きとなっている。

かつては東部の田名部が都市としては中心地だったが、国道338号線沿いにロードサイド店舗が集積し始め、都市としてもより便利に大きく成長を遂げる。こうして人口も大きく伸ばし……と行きたかったところだが、残念ながらこちらは合併しても横ばい状態で、吸収した3町村から市域へ人口が動いただけに留まってしまった。下北半島自体がほぼ他地域と隔絶しているため、いくら市としての体裁が整ったところで、人口増に繋がる新規産業を呼び込むことができなかったのが原因なのだが、地形と自然環境が特殊すぎるから致し方ない話ではある。

旧軍時代から続く北の要所・大湊には現在も海自基地が。海沿いからは停泊する軍艦も見える

大湊線の終点は大湊駅だが、本土最北端は１駅手前の下北駅。駅前も下北駅のほうが栄えている

自衛隊と原発のおこぼれに群がるむつの実態とは？

産業の無い街でホテルが満員の理由

下北半島の大部分を占めるむつ市は、県内でもっとも広い市でもある。が、その大部分は山地となっており、可住地面積はたったの約15・6パーセント。旧むつ市域にはそこそこの平地があるものの、合併した旧3町村はほぼ全域が山の中であり、また人口も6万1690人と県内3大都市と比べればはるかに少ない。言い換えれば、この規模で地域の中心街となれるのが下北半島なのである。

主な産業は陸奥湾に面しているだけにホタテの養殖、そして津軽海峡に面する北部の大畑港で水揚げされるスルメイカ。大畑は観光客相手の名物として、競技場を模した水槽にイカを泳がせてレースを行う「烏賊様レース」が多少は知られているが、とはいえ一大観光地というほどでもない。工業はほぼ未発達で、農業も耕作地面積の少なさから主な産業として挙げられるほどの規模ではない。脇野沢ではイノシシの飼育に成功し、これを高級食材として売り出しているが、飼育は難しく年間60頭程度だから、これまた主力産業とも呼べない。

にもかかわらず、近年では国道338号線沿いに商業施設が続々進出し、かつての中心地・田名部からメインストリートの座を奪取するほどの賑わいを見せているし、人口規模、産業規模の割には大きめのホテルも複数建っている。そして驚くことに、これらのホテルは連日満員になるような状況であるというのだ。

ある意味原発マネーに頼るむつ市

下北半島を取材すべく、筆者は7月中旬に市内で1泊（事前予約していた）、翌日は恐山経由で半島をぐるっと一周。この間はどの程度の時間がかかるのかいが読めなかったこともあって2泊目の予約はしておらず、また終日運転していたこともあり、その日の宿を探し始めたのは日が暮れかかった夕方になってしまった。で、そこから市内のホテルの空きを探したところ、なんと全滅！　しかたなく編集部経由で最寄りのホテルをネット検索してもらい、なんと上北町の旅館まで移動を強いられた。余談だが、途中で道に迷い通らなくてもいい山地を抜けるハメになり、その途中でなんだかよくわからないケモノに遭遇して泣きそうになった。イノシシかと思っていたのだが、調べて見たら青森には野生のイノシシはいないようで、では一体なんだったのだろうか。

話を戻すと、市内にはあれだけ大きなホテルがたくさん建っているのに、1件も空きがないのはどういうことか。途方に暮れていたところ、すぐそばで一服していた地元タクシーを発見したので、運転手さんに「今日はなんか大きなイベントでもあったんですか？」と話を振ってみた。

すると「あー、自衛隊と原発関係者で、市内のホテルは大体埋まってるよ」との回答が。市内に産業はないものの、近隣から宿を求めて人が集まってくるのだと言う。

確かに六ヶ所村、東通村、大間町など原発関連施設の所在地を見て回ったが、いずれも街と呼べるような規模でもなく、当然ながら旅館などほとんど見かけなかった。原発関連業者の数は多いが、ホテルに泊まるならむつ市まで移動せざるを得ないのだという。

また、本州最北端の海上自衛隊基地・大湊基地がある関係からむつ市を訪れる自衛隊関係者も多く、それらの人々も市内の宿を求める。最近のミリタリーブームから、大湊線を乗り継いで見学にやってくる観光客までいるから、事前予約をしていなければ宿が取れなくても不思議はなかったのだ。

そうした「市外からの滞在者」が多い関係から、国道沿いには飲食店系のロードサイド店舗が増えてきたし、ホテルも毎日フル稼働。むつ市の産業を支えているのは、地場産業ではなくホテルと飲食店に落ちるお金なのであった。

しかし、ヨソに頼りっぱなしにもいかなかったむつ市も、原発関連産業の誘致に乗り出した。かねてから市内に建設中だった使用済み核燃料の中間貯蔵施設（震災の影響でしばらく工事は中止していた）も2013年8月に完成し、これにてむつ市も原発マネーに頼る自治体の仲間入りを果たした。

六ヶ所村をはじめとした下北半島の各地から、原発関係者がやってくる。これもまた原発産業だ

ただし福島第一原発事故以降、原子力産業への風当たりも強く、またむつ市に完成したのはあくまで「中間貯蔵」のための施設であって、その後の核燃料リサイクル施設（六ヶ所村）なり最終処分場（未定）なりが決まらないことには意味がない。現状は完成こそしたものの貯蔵開始時期は未定となっており、ただちにむつ市の経済に影響を与える状況にはなっていない。市民の間でも「核のゴミ捨て場にされる！」といった反対の声は根強く、順風満帆とも言えないのが正直なところではある。

核にどっぷり浸る六ヶ所、東通を歩いてみた

北のエネルギー集積地　原燃マネーで潤う2村

東日本大震災で被災した福島県浜通り地方は、国内有数の原発銀座として有名で、多くの原発関連施設や発電所が密集して建てられていた。そのような地域は他にも数カ所あるが、下北半島もまた同様に原発を含むエネルギー関連施設の密集地帯だ。六ヶ所村には核燃料サイクル施設をはじめとした核関連施設に風力発電所、そしてむつ小川原国家石油備蓄基地が。東通村には東通原発に風力発電所がある。

両村ともに平成の大合併では単独の道を選んでいるが、これだけ重要な施設が密集しているのだから、村の財政は潤いまくっている。他には漁業、農業な

ども行ってはいるものの小規模であり、とてもじゃないがそれだけでは単独自治体としてなどやっていけない。

今回の取材では、この下北のエネルギー産業への傾倒っぷりを実際に確認すべく、まさかりの「柄の部分」の太平洋側となる国道338号線を延々北上。六ヶ所の石油基地と核サイクル施設、東通原発などを実際に見てきた。それで実感したのが「なんとド田舎であることか！」という事実であり、海と下北丘陵地に挟まれた地勢ではまともな農業など営めないという非情な現実だった。

そもそも原発関連施設とは、安全性の問題から強い拒否反応を地元住民が持ちやすく、そのため核産業を指して「迷惑料経済」と呼ぶこともある。必要ではあるものの、地元住民が迷惑に思うものを置くかわり、補助などはきっちりいたしましょう、という形態だ。

とはいえやっぱり迷惑なので、原発所在地ではどこも激しい反対運動も起こっている。六ヶ所村でも激しい反対があったというが、これは当初予定されていた小川原の石油備蓄基地がオイルショックのあおりで規模を大幅縮小するなど産業政策に対する不信、住民無視で県が進める原燃産業への反対が主な理由だった。しかし反対一色というワケでもなく、村内はまっぷたつに割れた結果推進派の村長が誕生したことで、現在のような施設誘致が進んだ。

また同じく「迷惑料」とされがちなのが軍事施設。下北にも東通村に防衛省の下北試験場がある。これは鳥取砂丘よりも大きい日本一の砂丘、猿ヶ森砂丘を利用して火器（大砲とか）の射撃実験などが行われるエリアで、おかげで猿ヶ森砂丘は完全に一般人は立ち入り禁止。ただし解放したところで観光客が詰めかけるとも思えないため、結果としてはこちらも地元の産業みたいな感じになっている。

ここに使ったね？　と一目瞭然のわかりやすさ

よく「原発マネー」が取りざたされるものの、実際にそれらの資金はどのように使われているのか。詳細は細かく決算を見なければわからないのだが、一目瞭然で「あ、ここに使ったのね」とわかるのが、六ヶ所村、東通村の村役場である。

六ヶ所は人口約1万人、東通は約7000人と面積に対しては明らかに過疎の村で、特に東通などは小規模集落が多すぎて中心街も決められず、現在の役場ができるまでは約100年間、となりのむつ市（旧田名部町）に役場を置いていたほどだった。それが、一見して「なんだこれは！」と驚くような立派な役場を現在は新築しており、あからさまに原発マネーの実力を見せつけてくれている。

他にも六ヶ所村役場周辺には住民もいないのに大規模なニュータウンを分譲しているし、東通村は生徒数に不釣り合いなほど巨大な小学校、中学校が役場の隣に建てられた。役場に限らず公民館や体育館などの公共施設も、言葉は悪いが「不釣り合いなくらい」豪華なものが建てられている。そういえば東通村からむつ市へ抜ける国道は、過疎地帯の山間部を貫いているにしては幅も広くきっちり整備されていた。

六ヶ所のニュータウン、尾駮レイクタウンは「ニューク（核）タウン」などとも呼ばれているそうだが……確かに立派な住宅が並んでいたけど、ほぼ空き家っぽかったんだよなあ。原発関連業者以外で買う人、いるんだろうか。

県内では「突出」と呼んでいいほどに財政、住民所得も高い六ヶ所村。完全に原発マネー依存だ

険しい山地の中に突如現れる、異様なまでに巨大な東通村役場。右のドームは村民交流センター

対岸の悲鳴もなんのその マグロと原発で突き進む大間

マグロに続く収入源　原燃マネーに沸く大間

海産物といえばホタテとイカがメジャーな青森県だが、近年ブランドとして確立されたのが、大間町で水揚げされるマグロだ。大間のマグロ漁の歴史は長く明治期にはすでに活発に行われていたが、当時は網を仕掛けて獲る大謀網での漁だった。それが次第に一本釣りへと変化し、現在では「一本釣りの大間マグロ」は町の代名詞ともなっている。

本書でも何度か紹介したが、2013年には初セリで「222キロの大間マグロに1億5540万円」の値が付き、史上最高値を更新した。この年は確かに異常だが、近年も数千万円は当たり前の値が付き続けているのが、トップブランド・大間マグロだ。

ただし、マグロが獲れるのは8月から1月までの約5カ月で、さらには安定してマグロが獲れる保証もないため、多くの漁師はイカなど他の魚も獲っている。そしてマグロ漁は不安定さに加えて燃料費なども馬鹿にならないため、そもそも「マグロ漁できるのは金持ちの漁師」という、デカいの釣ったら一攫千金！　なイメージとは真逆の漁だったりする。確かにマグロ長者はいるのだが、大間の漁師自体はほぼ「零細企業」と言っていいだろう。大間港自体もごく小規模で、基本的には水揚げ量も大したことはない港なのだ。

そんな大間町にも、下北半島のご多分に漏れず、核燃マネーの波が押し寄せている。1980年代から原発誘致活動が起こり、84年には誘致決定となるも、実際に着工されたのは08年。これは建設予定地の地権者のひとりが原発に反対し、最後まで土地を売ることを拒んだことが原因で、03年には土地買収を断念して計画変更が行われている。この用地買収については、買収を担当した側による資金横領と狂言強盗事件なども発生し、何やら裏ではきな臭いことになっていることを強く印象付けている。また2011年には東日本大震災も発生、大間町に大被害はなかったものの、建設が一時期中断もしていた。

また、青森県、下北半島で見れば最北端に位置する大間町だが、津軽海峡の向こうには北海道の函館市があり、天気が良ければ肉眼で対岸が見えるほどしか距離的には離れていない。そして、海向こうの函館市は、この大間原発に大反対しており、計画が動き始めた頃から何度も中止要請や意見書の提出を行っており、10年にはとうとう函館の市民グループにより建設計画取り消しを求める提訴が行われ、また14年には函館市からも建設凍結の訴えが出されるまでの事態に発展している。

原発マネーは周辺自治体や県にも潤いを与えるが、さすがに海を挟んだ対岸の函館には恩恵がない。にもかかわらず直線距離で20数キロの距離に、ろくな説明もなく許可も求められず、原発が作られてしまうのだからたまらない。

震災と福島原発事故により、国は事故発生時の危険地域を従来の半径10キロから30キロへと拡大したが、これに当てはめれば30キロ圏内に函館市の一部（南端）が入ってしまうし、もう一回り大きい50キロ圏となれば函館のほぼ全域に加えて道南の周辺自治体も収まってしまう。また福島では原発と県の中部域・

福島市や郡山市の間には阿武隈高地があったため、汚染物質の流出がある程度遮られたのだが、大間と函館の間は海であり、遮るものはなにもない。仮に大間原発で事故があった場合、北海道では函館圏35万人の非難が必要になると言うから、メリットがなくデメリットばかりを押し付けられる函館側が憤慨するのも無理はないだろう。

が、大間にしてみれば、きっちりと地元の理解も（なんとか）得て、国の後押しもあって起こした事業であり、函館の怒りをしり目に着々と建設を推進中。14年11月が当初の予定では運用開始となるのだが、さて差し止め請求が通るのか、また工事は完了するのか。それと、海の幸・マグロに対する影響も考える必要があるのだが、原発のお膝元で獲れたマグロに対する風評被害、あるいは実際の汚染の有無などに対する対策は大丈夫だろうか……大丈夫だよね？

青森県コラム 6

恐山のイタコは「縁日の出店」と同じ!?

下北半島の「まさかりの刃」の部分は、大部分が険しい山々で埋められており、平坦部は旧むつ市域や周縁部のみ。下北を埋める山地は「恐山山地」と呼ばれ、その中心あたりにあるのが日本三大霊場として名高い恐山だ。

県民はともかく他地域からよく誤解されているのだが、「恐山」という山は存在しない。あくまで霊場としての呼び名が恐山であり、山々はそれぞれに名前を持っている。

恐山エリアの中心にあるのがカルデラ湖である宇曽利湖で、この湖を囲むように釜臥山、大尽山、小尽山、北国山、屏風山、剣山、地蔵山、鶏頭山の蓮華八葉と呼ばれる八山がある。そして宇曽利湖のほとりには菩提寺である円通寺があり、これらの地域の総称が恐山なのだ。

宇曽利湖がカルデラ湖であることからわかるように、恐山周辺はかつて火山

の爆発でできており、現在も地中からは温泉やガス、水蒸気が所どころから噴き出している。火山性のゴツゴツとした岩石もそこかしこに転がり、また硫黄の匂いが強く漂う光景が「地獄」に見立てられてもいて、円通寺周辺や境内には三途の川や○○地獄といった奇景が広がる。また、宇曽利湖のほとりには浄土ヶ浜と呼ばれる場所もあり、まさしく死後の世界をこの世に再現したような場所である。青森県内全域で広く使われる言い回しに、誰かが亡くなることを「お山さ行ぐ」というものがあるが、人は死ぬと恐山経由であの世へと旅立っていくと思われていたのだ。

そんな恐山を一躍有名にしたのが、死者の霊を呼び寄せる「イタコ」の口寄せ。昭和30

年代にマスコミが取り上げたことで脚光を浴びたそうだが、そのルーツは江戸末期にまで遡る（恐山でメジャーになったのは昭和に入ってから）。

これも誤解されがちだが、イタコは恐山に住んでいるワケではなく、普段は県内のあちこちに「普通の人」として暮らしており、夏の例大祭の時期などに恐山へやってきては口寄せをする。よく円通寺へイタコに関する問い合わせ（行けば会えるのか、とか）があるそうだが、寺とは関係がないという。口寄せをする際には境内にテントのような小屋を建ててその中でするが、これもあくまで場所を借りているだけだ。つまりは夏祭りのたびに寺へやってきては綿あめや焼きそばを売る露天商と似たようなもの……というと途端に神秘性が消え失せてしまうのだが、事実である。

第７章
北海道新幹線開業で青森県内はどうなった!?

街の衰退の元凶は新幹線開業!?

開業を遅らせた東西対立とじょっぱり

２０１０年12月４日、津軽民が待ち望んでいた東北新幹線が、ついに青森市まで延伸を果たした。この新幹線延伸により、ようやく「半日以上かけずに東京まで行ける」陸路の交通手段を手に入れたのだ（当初は最短３時間20分、新型車両導入などにより13年３月以降は２時間59分）。そもそも東北新幹線は、１９７２年に田中角栄が唱えた「日本列島改造論」思想に基づく高速交通網整備計画の一環として計画された、通称「整備新幹線」５路線のうちのひとつ。当時すでに工事着工中だった東北新幹線（上野―盛岡）を、青森まで延伸する計画だった。

東北新幹線は上野―仙台間で着工する予定だったが、岩手出身の大物政治家・鈴木善幸が政治力で盛岡終点へと変更。これが1982年に開業し、「さあ次は青森までだ！」という段階になり、八戸を経由する東回りルートと、盛岡から秋田県大館、そして北上して弘前を経由する西回りルートで激烈な誘致合戦が勃発した。さらには終着点・青森市でも終点駅を既存の青森駅にするか、新たに新青森駅を作るかで国鉄側と青森市が揉めまくる。またルートも駅も決まっていない段階から、走らせるのは「フル規格かミニ新幹線か」という議論まで起こるわで、とにかく盛岡以北の工事着工にすら辿りつけない有様だった。

なおルート問題は、田中角栄の盟友で、のちにロッキード事件でも登場する実業家・小佐野賢治が「大館回りルートにする。予定地は俺が買収した」と、こちらも政治力でゴリ押ししていたというし、弘前を中心とする津軽の財界人や政治家もこちらを猛プッシュ。しかし奥羽山脈をぶち抜く工事など大変すぎるため、結局は太平洋側を北上する八戸方面へと決定された。代わりに西側には「羽越新幹線を作るよ」と代案を提示、これは富山～新潟～秋田～青森を結ぶという日本海沿いのルートだが、現在の秋田新幹線とは別物で、つまりは空手形に終わっている。

また終着駅問題は、つまるところ「既存駅では北海道方面に延伸できない」という位置的問題があったため、いくら青森市側がゴネようとどうしようもなかった。駅問題では八戸出身者が仲介を務めたりもしたのだが、「じょっぱりが悪いほうに出た」と嘆くほどに青森市側は折れなかったといい、結果として全線開業は遅れに遅れてしまった。東西対立にじょっぱり気質と、こんなところでも青森県民らしさが顔を出していたのだ。

待望の新幹線が開業！　でも街が寂れた!?

この東北新幹線の八戸延伸と青森延伸は、当時の国鉄が大赤字を抱える中での計画でもあった。巨額の工費を費やすだけに、国鉄側はほかの部分で赤字を減らしたい。国鉄からＪＲに母体が変わってもこの事情は変わらず、それで割を食ったのが新幹線と並行する区間の東北本線だ。

新幹線は奥羽山脈の所どころにトンネルを作り、山々を突っ切りながら新青森駅を目指す。そして並行する八戸～野辺地～青森間は、赤字路線として分離され第3セクター化を余儀なくされた。これが現在の青い森鉄道で、3セク化によりＪＲの特急も止まらず、並行する新幹線は街を素通りするから、沿線の街は「新幹線景気」どころか逆に「新幹線不況」に陥った。当然こうなることは予想されていたので、七戸、野辺地などは「フルじゃなくミニ新幹線で！」と訴えていたが、聞き入れられずにあえなくスルーされることになった。ミニ新幹線が在来線上を走る山形&秋田新幹線は、フルに対して速度や輸送力などでは多少落ちるものの、沿線の各駅に新幹線特需を運んでも来た。しかし青森県の場合は、八戸と青森以外に新幹線の客が下車しないのだ。

その2市でも八戸はともかく、ようやく延伸を果たした青森市はどうかといえば、計画の段階でこのあと札幌まで延伸することも決定しているから、仮の終点というだけ。北海道新幹線が開業したら、新青森駅も通過される立場になるワケで、それを見越してか新青森駅の周辺がほぼ空き地で放置されているのはご存じの通り。各地で大騒ぎし、巨額を費やし新幹線を走らせたのに、まったく活かせなかったというのが実情だ。これ、誰が得したんだ？

路線数こそ多いが基本は車移動

新幹線が開業したといっても、地元住民はそれまでと変わらず在来線を使う。県内には先の青い森鉄道のほかに大湊線、八戸線、奥羽本線、五能線、津軽線、弘南鉄道、津軽鉄道が存在する。

八戸線は新幹線停車駅・八戸駅から本八戸駅を経由して、太平洋岸を岩手県久慈までつなぐ。だが基本的には八戸駅で降りた新幹線利用者が、市の中心街である本八戸駅まで行くためくらいにしか使われていない。南部では野辺地から下北半島を北上する大湊線もあり、むつ市の大湊駅が終点となる。

津軽方面には、奥羽山脈のやや西側を縦断する奥羽本線が弘前経由で青森駅まで。青森駅からは津軽半島を湾に沿って北上する津軽線もあり、これは青函トンネルを通って函館に至る津軽海峡線と連結される。というか、津軽線として利用されることは稀で、ほぼ函館行の路線となっている。

日本海側をぐるーっと回り、五所川原経由で弘前までをつなぐ五能線も走る。奥羽本線、五能線からは支線のような形で伸びる弘南鉄道と津軽鉄道の私鉄路線もあり、中でも津軽鉄道は車両内でストーブがたかれることでマニアには有名だ。五能線も日本海側の絶景や白神山地のすぐ横を通ることから、ほぼ観光路線として利用されており、やはりマニア人気の高い路線となっている。しかし本数は少なく、1時間に1本以下のペースなので、こまめに下車しつつの旅はオススメできないのだが。

全体的に県内の在来線、ローカル線は利用客が少ない赤字体質で、よって五能線に限らず運行本数も少ない。基本的には車を運転できない学生やお年寄りが利用する程度で、県内は完全に車社会化している。交通インフラはライフラインでもあるので、そう簡単に廃線にしたり3セク化しまくるワケにもいかないのだが、利用客は伸びようもないし、冬には除雪で他の地域より費用もかさむ。このようにJR東日本も頭を抱えるのが青森鉄道事情なのである。商圏を持つ3大都市の住民ならともかく、他の住民は農家か漁師だから、電車は使わないんだよね。

全体的に使い勝手の悪い鉄道網を埋めるべく、各地域にはバスも走るが、こちらも基本的には農民、漁師が相手だから利用率はすこぶる悪い。「バスは一日一度来る」ほどではないにせよ、基本的には一日数便なので、子供と老人以外はマイカー移動が鉄則だ。

海も空もあるが利用率は……

中心部に巨大な陸奥湾があり、また三方が海、北には北海道があるために、各沿岸部からはフェリー便や高速船も走っているが、北海道方面は青函トンネル開通で一気に移動しやすくなったせいで、船便利用も激減中。青函トンネルまで距離がある八戸から苫小牧へと至る川崎近海汽船も、そもそも苫小牧需要が少ないため、活用されているとは言い難い状況だ。

津軽海峡は、洞爺丸事故に代表される海難事故が多発する海峡で、青函トンネルも安全な移動路の確保という面が大きかった。いずれ北海道新幹線が開業すれば、各地のフェリーも姿を消していくことになるだろう。

一方で、そう簡単に無くせないのが下北半島沿岸をつなぐ高速船・シイライン。人も少ないこのエリアを船でつなぐ意味があるのか……と思うかもしれないが、道路事情も悪く豪雪地帯でもある下北は、冬季には車での移動ができなくなり、どこへ行くにも海路を使わざるを得ないのである。

陸、海とくれば最後は空路だが、県内には主要空港である青森空港に加え、自衛隊、在日米軍と共同利用という珍しいスタイルの三沢空港が。津軽と南部にひとつずつと、バランスよく確保されている。

しかしこれらの空港便も、新幹線の八戸開業、青森開業のたびに利用客数を減らしており、関東圏への移動には選択されなくなってしまった。関西方面や海外からの観光需要を伸ばせるかに、今後の浮沈がかかっている。なお、青森空港のご自慢は「日本一の除雪作業員」だとか。いっそ除雪作業をショー化して、空港自体を観光地にしてしまってはどうだろう？

北海道新幹線の開業で青森市に何が起きるのか

やっぱり新青森はスルーされたのか

2016年3月、新青森から新函館北斗までの路線が開業し、北海道新幹線がついにスタートした。これにより、東京と函館の所要時間は4時間と少し。羽田と函館の航空便はおおよそ1時間20分だが、飛行機は搭乗手続きや空港までのアクセス時間を考えるとおおよそ3時間45分。新函館北斗から函館駅までの所要時間は大体30分なので、航空便と新幹線の時間差は45分程度だ。

これだけをみると、やはり航空便のほうが早い。だが、心理的な時間はそうではない。航空便の弱点は、搭乗手続きや中心地からの遠さ。1時間余計にかかるくらいなら、鉄道の方が「気分的に」近く感じる人も多い。

さて、それを踏まえて青森県の立場だが、新幹線に対しては、津軽と南部ではずいぶんと立場が異なる。実際、南部人にとっては北海道新幹線の開業など、ほとんど何の関係もないというべきだろう。停車駅である八戸は、元々仙台、盛岡とのつながりが重要。大いに関係があるのは、新青森駅を中心とする津軽である。

もともと、北海道新幹線の開業は、津軽にとって手放しで歓迎できるものではないと思われていた。新幹線のような長距離路線の場合、特に観光に関しては、終着駅に人気が集まるもの。同じ新幹線でも、九州新幹線では鹿児島が延び、熊本以北の駅で利用数が減少したことがある。もともとのブランド力で、青森は北海道に大きく劣っている。北海道までいけるのならば、青森なぞスルーされてしまうのではないかという懸念は確かにあった。

単純な結果として、この懸念は現実のものとなっている。北海道新幹線が開業した2016年の新青森駅1日平均乗車人数は4000人強。だが、前年は4711人、それ以前の3年間も4500人台で推移していた。つまり、北海道新幹線によって1日700人、年間で25万人以上の利用者が減ってしまったという計算になる。

これに対して、先ほど「関係がない」とした八戸駅はどうだろうか。２０１６年の１日平均乗車人数は３４００人弱。２０１２年から２０１５年までが３２００～３３００人台での推移となっているので、横ばいから微増といった数値だ。確かに、何の影響もない、というべきだろう。なお、新青森駅への新幹線開業は２０１０年だが、２０１１年に発生した東日本大震災の影響で約半年間は新幹線はまともに機能しなかったので、２０１１年以前の利用者数データはここでは参考外とした。

かえって「遠くなった」青森と函館

ただ、このことを青森人、特に青森市民が深刻に捉えているかというと、実際はそうでもなさそうだ。今回の取材では、青森市の観光業関係者や飲食店に話を聞けたのだが、実感として「大して影響はない」と口を揃えていた。

というのも、今のところ、青森市と函館のアクセスという点で考えると、新幹線開業は必ずしも便利になったとはいえない点が指摘されている。このあたり、北海道までの直通路線、というとらえ方をする始発東京の感覚と、北海道までの移動経路が変わった、という青森の感覚はかなり違う。

では、青森市内から函館までの「実際のアクセス」だが、これは実際、多少不便になっている。元々、青森駅と函館駅の間は「白鳥」「スーパー白鳥」という特急でつながれていた。この所要時間は約2時間。これに対して北海道新幹線は「新青森駅」と「新函館北斗駅」を約1時間でつなぐ。単純にみてしまえば1時間の時間短縮がなされているが、この「新」がくせ者だ。

青森駅と新青森駅間の乗車時間は約4分だが、便数は時間あたり2〜3本。つまり実質的、感覚的な所要時間は20〜30分程度となる。また函館駅と新函館北斗駅間は17分〜25分が乗車時間。便数はこれも時間あたり2〜3本なので実質的な接続時間は30〜40分といったところだろう。そうすると、新幹線1時間、接続に1時間というのがおおよその所となり、在来線とほとんど同じ、最短で考えても1時間半程度なので、30分しか短縮されていない。それでいて、料金は新幹線が在来線と合わせて８０００円前後。「白鳥」「スーパー白鳥」は特急券込みで高くても5600円程度に収まっていた。

つまり、正確に事実をみても2500円高くなって30分短縮。感覚では2回も乗り換えがあるということで、かえって函館が遠くなったというのが、青森駅と函館駅の2駅に限った場合の「新幹線開業の影響」なのである。

冷めている青森市民の感覚

また、そもそも東北新幹線が新青森駅まで延伸しても、青森市や青森駅には大した影響がなかったことも、青森市民が北海道新幹線の開業に、あまり好印象も悪印象ももっていないことに関係しているだろう。

それ以前から、新青森駅への新幹線延伸から5年後には函館まで「つながってしまう」ことに対する懸念は大きかった。この問題について積極的に発言を行っている青森大学の櫛引素夫教授の調査では、青森市での、「北海道新幹線への意識」は「道南・函館に青森県の観光客が吸い取られる」62・9%、次いで「道南・函館に青森県の経済的な利益を吸い取られる」39・7%、「北海道から青森県を訪れる観光客が日帰り化する」37・9％だった。と悲観的なものだった（『北海道新幹線開業に対する青森県内の意識と課題』より）。

だが、この予測は悪い方向で杞憂に終わった。青森駅の新幹線開業、営業開始が2010年終わりで、ほぼ直後に東日本大震災が発生し、東北新幹線が約半年、まともに運行しなかった影響は大きい。当初の予測としては、「新青森駅へ新幹線がきてから5年間は儲かるが……」的なものだったのだが、その5年間も大震災でパー。新幹線が通ってもなんら好結果は得られず、そのため函館まで新幹線が延びても悪影響もない、というのが、実際に青森市で観光に携わる「現場」の感覚のようだった。

実際、青森駅の利用状況をみると、確かにそれは正しい感覚のようだ。青森駅の乗車人数は、東北新幹線が「まともに」新青森駅に通った2012年以降、かなり急速に減少しており、北海道新幹線どころか東北新幹線延伸の「悪影響」を受けている。新幹線の延伸で、弘前や白神山地への客は増えたが、青森市はかえって減ったというのが鉄道利用状況における実態であり（これについては後で詳しく触れる）、しかしそれは実感できるほど大きなものではなかった。

青森市は事態をもっと深刻に考えるべき？

ただ、実感としてはそうでも、事態はもう少し深刻なのかもしれない。前述の櫛引教授も指摘しているが（東洋経済オンライン2017年3月30日『北海道新幹線1年、道南に「東北化」の兆し』）、JR東日本の発表によると、北海道新幹線開業後、八戸や盛岡の利用実績が増えており、北海道を訪れた海外からの観光客が北東北各地に「寄っていく」ケースが多くみられるという。

しかし、これは観光客が函館から仙台や八戸を経由して東京へ向かうという行動であり（その逆もあるだろう）、青森市はスルーされている。今はまだ「変わらない」のかもしれないが、今後「劇的に減る」恐れもあるのである。

仙台は東北イチの大都市でお城もある。八戸には八食センターがあり、観光に関しては「食の都」というブランドが確立している。しかし、商業都市である青森市には、夏のねぶたを除いて観光客が立ち寄る「理由」に乏しい。いや、青森市の実力からいけば「理由」がないということはないのだが、それがアピールできていないと考えるべきだ。

総合的に優れているが、よくよく考えると特徴に乏しい青森市。新幹線の開業で、むしろ逆境に立たされていると考えるべきなのかも

これを考えると、青森市は今後の方針を、かなり絞り込んだものにするべきなのかもしれない。ひとつは、青森県全体のことを考え、観光は八戸や弘前に任せて、青森市は「青森県民のことだけを考えた街」にすること。もしくは、他の観光地に対抗できるだけのアピールポイントを「定め」、積極的に戦いを挑み、「ライバルがしのぎを削りお互い成長する」ことを目指すかだ。

筆者の個人的な感想では、前者の「青森県民のことだけを考えた街」のほうが妥当だ。青森市は総合力には優れているが、「尖った魅力」はねぶた以外目立たない。まあ、港町であることを全面に押し出して、新青森駅を無視して北海道との船便を強化するという手はあるとは思うが、それよりも、総合力を活かしたビジネス拠点としての能力を伸ばしたほうが賢明なのではないだろうか。

ようやくホテルの建つ新青森駅前の今後

やっと埋まった「あの空き地」

「せっかくの新幹線駅なのに」な状態の新青森駅周辺。その様子をもう少し細かくみてみよう。

確かに、新青森駅をみると、駅前は閑散としており、空き地もある。もっとも目立つのは駅東側の空き地。約１０８４坪の駅前一等地がまるまる空いている、というか未だに空いている。この空き地には「売地（保留地）」の看板が堂々と立っており、その価格は４億７９４６万１３８０円（２０１７年11月）と、これまた堂々と提示されている。

筆者は、この看板を確認して最初、「安い」と思った。だってそうだろう。

新幹線駅に隣接したホンモノの一等地である。それが、東京の住宅地なら200~300坪程度の価格で購入できるのである。4億8000万円は確かに大金だが、こうした商業地の開発は、大きい場合数百から数千億円規模の事業。そのうち、もっとも重要な土地代が5億もしないというのだ。

そんな空き地だが、2018年に入り、ようやく利用方法が確定した。ホテルチェーンの大手「東横イン」ができるのだ。開発は徳島の不動産業者、運営は東横イン（東京都渋谷）が行う。土地面積は約2000平方メートル、建物は14階で、客室数は246室とのことだ。

長らく懸案だったホテルができることは、新青森にとって非常に喜ばしい。新青森駅は新幹線と奥羽本線との接続駅でもあるので、青森、弘前をはじめ、津軽地方全体の観光アクセスが非常に便利になる。

だが、ちょっと待って欲しい。ホテルの面積が2000平方メートルだって？あの土地は約1084坪、平方メートルでいうと3578・07である。なんと、半分弱の土地がまだ余っているのである。土地の売却価格は2億6000万円とのことなので、計算上青森市は「定価通り」で売れたようだが、それでも全部を「処分」できなかったのは苦しい。

ホテルだけではダメ！　駅ビルの補完施設建設は可能なのか

新青森駅は新幹線駅である。しかも、津軽地方の一大ターミナルとして期待される駅だ。本来であれば、大型の複合施設なども「駅前に」欲しい土地。だが、せっかくホテルが建っても、今度はそれを作る「土地がない」状態が生まれてしまった。

では、本来あるべき姿の新青森駅周辺とはどのようなものだったのだろうか。まずは理想型を考え、そこから「縮小」することで、今後新青森がどのように発展するべきかを検討してみよう。

まず、駅ビル内の飲食店やお土産物店、特産品市場とバッティングしない飲食店街が欲しい。青森県は青森駅周辺の再開発で、こうした飲食店街の開発の経験がある。となると、それを収容する建物が必要となる。これにホテルと駅舎を加えた3点セットがあれば、一応最小単位としては成り立ちそうだ。

長らく「売地」だった新青森駅目の前の土地。2018年に入ってようやくホテルの建設が決まり一安心。売れたのは半分だけなんだが

駅から離れた北側の土地は今も利用方法が未定。市の担当部署の話では、まだ具体的な提案もない状態だというが……

そうなると、飲食店街の入るビルは、できればオフィスビルにしたい。一旦新青森駅を観光に特化した拠点として考えると、商業施設よりもそちらのほうがアリだ。というのも、国道7号（青森西バイパス）から少し入った所にある。大型商業施設は、県民のアクセス状況を考えるとバイパス沿いにあるほうが有利。既にケーズデンキやあおもり健康ランドがあり、新青森入り口信号付近の土地は、農地や駐車場なので将来的な開発が比較的容易だ。新青森駅の前に大型の商業施設を作って、バイパスから渋滞するといった事態を考慮すれば、そこは分散させて、駅周辺は観光とビジネスの拠点とするべきといえるのではないだろうか。

さて、ここから現実にあわせて考えてみよう。残る土地は約３００坪。ホテルの建つ場所は現状で確認できないのだが、とりあえず駅に近い方に建つとして、ホテルの「裏」に建物を建てられることになる。ただ、３００坪ではいかにも狭い。まあまあ広い居酒屋が必要とする面積を50坪程度と考えると、廊下やエレベーター、エスカレーターも必要なので、お店は3～5軒程度が限界だろう。逆に、オフィス用途と考えるとワンフロア３００坪程度というのは中規模ビルに相当し、120人程度が働くことができる。仮に東横インと同じく14階建てなら1500人規模。悪くない規模といえるだろう。

ただ、今のところこの「残りの土地」の利用方法は決まっておらず「投資提案待ち」の状態だ。新青森駅周辺の開発は、念願のホテルが建つことで大きく進展するが、まだまだ道半ばの段階というべきだ。

今後の課題としては、この先の開発が失敗するリスクよりも、成功しすぎるリスクを考えるべきだろう。ホテルに続き商業施設ができ、それが人気を集めた場合、それ以上の開発を行う土地が残っていないことは問題だ。ただ、幸い例の「空き地」の前には公園があり、さらに南側にはちょっと大きすぎるほどのロータリーがある。場合によっては、これらの施設は「潰してしまうことも」と県や市は、一応検討の余地を残しているようだ。

しかし、その心配は無用なのかもしれない。新青森駅周辺は、すでに商業地としての巨大化を考えることのできない状況になりつつある。

新青森は「郊外」なのか いい感じに進むニュータウン開発

批判の大きかった規制はどんなものだったのか

新青森駅は、新幹線駅ではあるが、いわゆる「中心地」ではない。元から、といってしまうと少々語弊はあるのだが、少なくともそのような開発が、現在はされていないのである。

青森県民や青森市民ですら、案外このことは認識していないのだが、新青森駅周辺は、いわゆるニュータウンである。駅の東側は商業地、西側には病院などがあるのだが、そこをはずれると、そこには広大な住宅地が広がっている。それも急速な勢いだ。

インターネット地図サービスのグーグルマップの航空写真をみると、その発展の速さを認識できるだろう。2018年1月現在、このグーグルマップの航空写真は2016年以前のものと思われる。青森新都市病院の敷地がまだ更地であることが、その理由だ。そのさらに西側にも多くの更地があるが、現在では多くの箇所に家が建っている。駅の東側をみても、レンタカー、コンビニの敷地の隣でマンションが建設が進行中だ。

新青森駅周辺は、そもそも巨大な商業地にはなり得ない場所だった。当初の計画ではホテルや商業施設を含め、大規模な商業地を目指すことも考えられたが、青森市は1999年頃からコンパクトシティ構想を推進。新青森駅は「ゲートウェイシティ」と位置づけ、青森駅との競合を避けるため、駅周辺の開発には各種の規制、制限を設けた。

この制限のうち、悪名高いのが「高さ制限」だ。建物の高さは20メートル以下とされ、敷地面積は3000平方メートル以下とされていた。これが原因で、新青森駅周辺の開発は遅々として進まず、市民の批判を浴びていた。

ただ、これは筆者も勘違いをしていたのだが、高さ制限があったのは「近隣商業地区」である駅の西側で、長らく「空き地問題」に悩まされた駅東側は敷地面積制限があっただけである。筆者も含め、この違いを認識しないまま新青森駅周辺の規制について批判をしていた人が存在したわけだ。

こうした誤解も手伝ってか、現実として新青森の開発は進まなかった。この規制が外れたのは２０１４年。駅西側の青森新都市病院の計画と歩みを合わせてである。新たな規制では、高さ制限の事実上の撤廃、広さ制限は面積１万平方メートルへ拡大した。

確かに、これにより商業地としての自由度は飛躍的に上がった。だが、その結果誕生したのが、中層の青森新都市病院と、旧規制範囲内の東横インというのはなんとも皮肉である。

本来であれば、新青森駅周辺にはホテルが建ち並び、その宿泊客向けの飲食店街（ビル）があり、ちょっと離れたバイパス沿いに大型商業施設がある、というのが理想型だったはずだ。そうすれば、近隣の住宅街住民は、徒歩で新青森駅を利用でき、観光客の需要も満たす華やかな飲食街を楽しめ、買い物は観光客があまりこない場所で行うことができた。こういう作りなので、当然出勤先は青森駅となる。

宅地開発が進む新青森駅周辺。本来ならもっと商業施設があっても良かったはずなのだが、建つのは一軒家がほとんどとなっている

いや、それどころか、新青森には混雑する函館や札幌に、宿泊できない観光客を収容し、人気の高い北海道観光の「おこぼれをもらう」こともできたはずだ。そうなれば、すでに定着している「北海道観光」は「北海道・青森観光」に進化したかもしれなかったのである。

しかしそれはもう夢の話だ。理想型は観光都市としての機能が高い、郊外住宅地だったが、観光機能には、もうそれほど大きな期待は持てない。

うまい具合にコンパクト化が進んでいる？抜け目のない弘前の再開発

新幹線を最大に活用した弘前

津軽の「旧都」である弘前。抜群のブランド力を持ちながら、鉄道、高速道路の整備においては不利な状況に立たされていたこの街は、それでいて抜け目なく立ち回ってきた。

東北新幹線の延伸、また北海道新幹線の開業においても、その実力はいかんなく発揮されている。新幹線によって、肝心の青森市はどちらかというとマイナスの影響を受けているが、弘前はその恩恵をたぐり寄せている。

本来、新幹線は弘前市にとって「新たな敵」であった。明治以降、県都の座を青森市に奪われ、田舎街になってしまった弘前。東北新幹線の延伸で東京と、北海道新幹線によって、函館市（さらに札幌市）とのアクセスが強化されることで、より一層置いてきぼりになってしかるべき「位置関係」にある街である。

だが、現実は、東北新幹線の延伸後、弘前の観光客は増えている。弘前駅の利用者数は、2011年の大震災を挟んでも増加傾向。減少傾向にある青森駅とは対照的だ。宿泊客の数も、震災後10万人ほど増加している。

これは、弘前市の危機感と「自らの実力」を正確に評価できていることがその原因だろう。弘前は、強い力がありながら、鉄道や道路の未整備によってその実力を発揮できていなかった、というのが、結果的には正しい見方だった。直接路線が通ったわけではないが、新青森に新幹線がきたことで、弘前までのアクセス状況は良好になった。新青森から弘前までのアクセス時間は快速や特急でおおよそ30分。鈍行でも40分ほど。しかし、新幹線が通るまでは、青森までの所要時間が長すぎたおかげで、「弘前に寄る」という選択がしずらかった、というふうに考え、行動したことが勝利の秘訣ではないだろうか。「弘前に魅力がない」のではなく、交通が便利になったから「これまで弘前を諦めていた人を拾う」ことができたのだ。

状況が良さそうには見えないけれども

ただ、そうした数字も見せられても、実際に訪れた弘前の街は、未だ苦しみの中にあるように思えた。特に厳しいのが県道3号、つまり鰺ヶ沢街道だ。弘前駅から弘前城までのメインストリートであるこの道は、長い商店街が続いており、ねぷたが通る道でもあるのだが、駅から一番街に至るまでの区間はかなりシャッター街化が進んでおり、一番街に入っても、勢いがあるようにはみえない。せいぜいが「よく耐えている」程度だ。

だからといって、新ルートといえる県道31号沿いが良い感じに発展しているというわけでもなく、「田舎都市の県道」っぽい空白感がある。

しかし、確かにそうなのだが、弘前にはまあまあの人通りと、弘前城観光の、それも外国人の姿がみられる。なんともアンバランスな感じなのだ。

これは、弘前の街が「実を取る」運営をしていることを表しているのだろう。無理をして「商店街の活性化」をせずに（いや、そっち方向でも頑張ってはいるのだが）、とりあえず売りになる弘前城の修復事業にお金を投入し、リンゴのアピールを怠らない。実に堅実である。

また、弘前は安直な再開発に頼らず、既存の施設や史跡を活かす努力をしている。北海道新幹線の開業で、「再度函館とつながった」青森県だが、そこで見出したのは、古くからの北海道とのつながりだ。

弘前藩は、江戸時代から北海道とのつながりが強かった。というか、前述の通り、少なくとも安東氏の全盛期から南部氏の津軽侵入期にかけて、道南（北海道南部）とは密接につながっている。明治初期、日本政府は北海道開拓を本格化させたが、そこには旧弘前藩の人間も多く参加している。

そこで、面白い現象が起きている。これまでは、管理者、交易相手、もしくは侵略者として北海道と関わってきた津軽の人間が、西欧的開発をされた北海道から「学んで」弘前を発展させたのである。

いまや津軽の誇りであるリンゴはまさにその象徴。日本で始めて西洋リンゴを栽培したのは道南。それを津軽は「輸入」したのだ。弘前に多く残る洋館も、北海道に建てられたものを津軽の人間が目にし、それを参考に建設を進めたのである。

こうした歴史的経緯を掘り起こし、北海道新幹線開業にあわせて「津軽と北海道の絆」に目を向け、その連携に積極的なのが弘前なのである。これによって、新青森を中継地点に、函館と弘前という「2大観光都市」をセットで廻ってもらうというプランを弘前は進めている。青森市を「スキップ」して、両都市をつなぐという試みは、すでに一定の成果を上げつつある。

確かに、考えてみれば、弘前の「見た目の発展」はそこで得られた利益を得てからでも遅くはない。無理をして新しいものを作るのではなく、元からあったものを、最大限に活用し、次を目指すのが弘前といえる。

スムーズに進んでいる？　弘前市のコンパクト化

とはいえ、弘前市は「再活用」だけをしているわけではない。その象徴が、弘前駅北西部の再開発だろう。

この再開発エリアには、現在中規模の一戸建てを中心として、広大な宅地が建設されている。この地域は道路を挟んでイトーヨーカドーにアクセスできるし、弘前駅へも徒歩数分圏内。弘前駅から青森駅へのアクセス時間は早い便で40分程度なので、「そういう通勤」も可能だ（通勤40分という時間は「都会の感覚」であり、青森のような「田舎」では長すぎるかもしれないと考えることは必要だが）。

弘前市は「シェイプアップマイタウン計画」を掲げ、中心市街地の近代化を目指している。ただ、その歩みが「駅前住宅地の整備」になっていることは、非常に賢明だと筆者は感じる。青森市は、コンパクトシティを目指し駅前の商業施設を整備したが、アウガの破綻など、そのもくろみにはほころびが見える。同じような開発を行った秋田市も、期待ほどの成果を上げていない。

この「失敗例」に共通するのは、商業施設は作ったが、住宅の整備は後手に回ったことだ。コンパクトシティの構想には大いにうなずくし、今後の資源、人口、高齢化、環境問題を考えれば、自動車の利用を極力抑えることは、重要な課題になるだろう。だからこそ、徒歩や公共交通機関で中心部にアクセスできるコンパクトシティが重要なのであり、そのための再開発であったわけだ。だが、「人が集まる場所」があっても、そこに「徒歩でアクセスできる」状況がなければ、コンパクトシティは成立しない。危険な賭けだろうが、先に住宅地やマンションを建てるほうが、コンパクトシティ化はスムーズなのではないだろうか。各地の「失敗例」をみるに、そう思えてくる。

だからこそ、弘前駅直近のエリアで宅地建設を進める弘前には期待がもてる。ここで青森駅や新青森駅に通勤、通学する人数を創出できれば、青森・弘前間、ひいては青森、新青森間の鉄道便を増やすことができるかもしれない。そうった、津軽地方全体の利益を考えても、これは大いに評価できる。

実際、現在の「弘前住宅地圏」は、北は撫牛子駅付近、南は弘前鉄道大鰐線の千年駅あたりまで広がっている。人口17万人程度の弘前市、30万人規模の弘前都市圏を考えると、これは確かに広すぎる。東西は岩木川、国道７号・１０２号がラインとなっているので、これは動かしづらいだろうが、南北はできるだけ縮めたい。そういう意味でも、弘前駅前開発で「便利な生活」のモデルケースができれば、徐々に街のコンパクト化を「自然に」進めることが可能になるのではないだろうか。

弘前は、生活圏としても産業エリアとしても観光地としても大きな力を持っ

駅前の「一等地」で宅地開発の進む弘前市中心部。すでに存在する商業施設を利用できる住宅地はコンパクトシティには有効だろう

ている。その街が、こうしたスマート（賢明）なまちづくり、街おこしを行っていることは心強い。弘前のような力ある旧都は、どうしてもそのプライドを満足させるために無理をしてしまうことが多い。そうした誘惑に惑わされる（惑わされそうになることは多いようではあるが）ことなく、堅実な成果をこれからも上げてくれれば、津軽、いや青森の未来にも明かりが増すことであろう。

今もやはり、弘前は津軽の先頭に立っているのだ。

確実な新幹線効果を受けた今別のこれからはどうなる？

道の駅の利用者は7倍に？

新幹線は通ったが微妙な状況の青森市。抜け目なく利用する「新幹線圏外」の弘前市をみてきたが、今度は本当に新幹線で街が変わるかもしれない街をみてみよう。

北海道新幹線の開業で、青森県内にできた新しい駅はただひとつ。奥津軽いまべつ駅である。この駅の存在で、今別町は平成の大合併にも消極的で、結果外ヶ浜町が恐ろしいまでの分断飛び地自治体になってしまったのでは？　という話をしたが、新幹線の開業で、一定の成果を上げている。

まず、明確な成果として表れたのが、奥津軽いまべつ駅に隣接する「道の駅いまべつ」は、新幹線の開業で、利用者数が7倍の数に上ったという。各種調査では奥津軽いまべつ駅の1日平均乗車人数は60~90人という数字が出ているが、この数字が直接道の駅の利用者に結びついていると考えても、それほど無理はないだろう。そう考えると、以前は1日10~20人程度しか来なかったのか、という話になるが。

地元の声を聞くと、何かと微妙な「新幹線効果」に対する反応がある青森県には珍しく、今別町では「確かな効果がある」という答えが返ってきた。しかし、こうした田舎町に新幹線が通ると、近隣、もしくは仙台や東京といった大都市圏へのストロー現象が起こり、かえって衰退が進むというケースは多い。だが、今別町にはそうした「弊害」はないという。

「ストロー現象はもともと起こっていました」

新幹線効果について聞いた今別住民は、こう答えた。それ以前から人口の流出は止まっておらず、たしかにそれが加速されるかもしれないが、それ以上に新幹線駅があるという「肌感覚」が、今別町民にプラスの感情を呼び覚ましているというのだ。

まず、意識として今別が「隔離された田舎」から「東京と直接つながる田舎」になった効果は大きい。ストロー現象よりも、むしろ東京や仙台など、都会に出てしまった今別出身者が、気軽に帰ってこられるようになったことを喜ぶ声も聞くことができた。今別にとっては、新幹線はプラスの効果しか生んでいないようだ。

ただ、今別町が新幹線の開業を最大限に活かせているかというと、そうではない。今別といえば、やはりここを訪れる人は、竜飛崎観光が目的となる。竜飛崎は外ヶ浜町だが、新幹線があることから、これまで以上に、今別が竜飛崎観光の拠点となる。

だが、現状の今別には、その需要を満たす宿泊施設や観光案内体制が整っていない。本来であれば、新幹線の開業前にそれらの対策を済ませておくべきだったのだが、期間、予算など、さまざまな理由でそれは後手に回った。

もっとも重要なのは、宿泊施設の問題だ。今別町のホームページに掲載されている宿泊施設はわずか4軒。まあ、1日60人の利用者を収容するには十分とはいえるが、新幹線が通ったのに、この受け入れ体制はなんとも貧弱だ。

東京オリンピックを利用して施設の拡大を狙う

そこで今別が進めているのが、廃校になった学校施設などを活用した宿泊施設の拡充だ。そのきっかけとして、今別は２０２０年の東京オリンピックに目を向けた。

オリンピックに際しては、世界各地から選手団がやってくる。アスリートが真剣勝負の試合に臨むには、事前の準備が重要だ。特に、海外での試合に際しては、試合会場の国の気候に慣れ、体を合わせておくことが必要になる。

当然、東京オリンピックに選手を派遣する国は、期間の前から日本国内、それもできるだけ東京に近く、条件の良い場所で事前合宿を組む。現在も続いているが、とくに東日本各地の自治体では、この事前合宿の誘致合戦が激しさを増した。

今別は、「東京まで新幹線で一本」という絶好の条件をもっている。それを活かして、とりあえずモンゴルのフェンシングチームの受け入れを決めている。この合宿に使うのが、奥津軽いまべつ駅に近い施設。これを機に、オリンピック選手団に失礼のない施設整備を進めることができた。

この成果は、必ず以後の宿泊施設問題に効いてくる。今別にとって、竜飛岬観光だけではなく、津軽海峡の釣りも重要な観光資源だ。これに対しては、それこそ「合宿所」とか、廃校を改造した施設など、非常に「体育会系」な、微妙に厳しい環境を喜ぶような気合いの入った「観光客」が相手なので、今のままの方向で、今後も拡大を狙えるだろう。

ただ、悲しいかなそうした元気の良い観光客は、全体の中では少数派だ。本来であれば、ひとつくらいは本格的な高級温泉宿があり、それを基準に観光地化を進めたいところ。だが、残念ながら現在の今別にそうした施設は存在しない。幸いというか、代替となる施設は周囲の自治体にあるのだが、しかしそれでは今別町の利益にはなり得ない。

本来なら、以前の青函トンネル工事中に賑わった街を、そうした新たな観光需要に活かしたいところだったのだろうが、それには時間が空きすぎた。以前は何軒もあった寿司屋も今は数えるほど。地方は国や県の大事業に振り回されるものだが、今別はまさにそれをもろにかぶり、すごいドーピングと切り捨てを経験した地域といえるだろう。

ただ、奥津軽いまべつ駅から徒歩で30～40分。それだけで津軽海峡をみることができる。筆者がそこに到達したのは残念ながら夕方であり、すぐに暗くなってしまったのだが、それでも鮮烈な印象が残った。これは、竜飛岬に行かずとも感動を得られる、今別の強力な観光資源だ。別に旅館がなくてもかまわない。海沿いの廃屋一軒でいいから、ここを訪れた人が、海を見ながら休憩し、お茶の一杯でも飲める施設を作れないものか。

また、簡単なことではないだろうが、津軽町の中心部にいたる県道14号を少しだけ整備して、もう少し人が歩ける道にできないだろうか。昨今のインバウンド客、それも西欧系の人々は、スポーツタイツにストックを持つバックパッカー系の人も多い。そうした人が、東北各地を徒歩で歩き回る様を筆者は何度も見かけている。そうした需要を考えれば、今別はちょっとした工夫で、とりあえず釣りとバックパッカーという体育会系観光客を満足させる街になる。まずはそうした要素も、考えてみるといいのかもしれない。

確実な「新幹線効果」を得た今別町。だが、その効果を最大化するための道は果てしなく遠い。今後どのような手を打てるのだろうか

青森県コラム 7

青森空港はなぜあんなところにあるのか

コンパクトシティ構想を進めるにあたって、青森には頭の痛い問題がある。鉄道も青森駅と新青森駅の微妙な距離感に苦労させられているが、それよりも遙かに遠い青森空港である。ただ、この空港の成り立ちをみると、むしろ「この場所にあってくれてありがとう」となるのではないだろうか。

現在の青森空港は、実は「新青森空港」というべきもの。戦前から青森県には油川（青森）飛行場があったのだが、終戦にともなう住宅整備などの用地として使われ消滅。現在につながる「旧青森空港」は1964年に完成した。

しかしこの空港。当時実用化された国産旅客機YS—11など、プロペラの中・小型機の発着はできたが、滑走路が短くジェット機は利用できなかった。また、冬期は雪で閉ざされてしまうため、当初は秋から4月ごろまで閉鎖せざるをえないという、なんとも使い勝手の悪い空港だった。

雪の問題にかんしては、除雪ノウハウの確立で徐々に改善し、１９８１年には通年利用が可能になったが、ジェット機の問題は解決されなかった。そこで、１９８２年から現在の新空港への拡張工事が始まり、１９８７年に完成したのが、現在の空港である。

だが、「旧空港の拡張」に落ち着くまでは紆余曲折があった。旧青森空港は、青森駅まで車で30分程度だが、弘前など津軽各都市からは軒並み遠い。そこで、「津軽平野のどこか」に新たな用地を確保し、そこに新空港を作ろうというプランが浮上したのである。

この新空港の用地選定は、旧空港が完成したほとんど直後から始まった。１９７０年代の初頭には、津軽各地の総合的な整備の意味もあり、津軽平野のど真ん中あたりが有力候補となった。各種の調査では、旧空港に比べ、冬期の就航率を高められることがわかり、計画は進んでいったが、これに空港が遠くなる青森市などが反対。空港を近づけたい津軽各地と壮絶な「取り合い」となったが、技術進歩により旧空港の場所でも通年利用が可能になりそうなこと、滑走路の方向を変えればジェット機に必要な長さを確保できることから、最終的には旧空港の場所に新空港を作ることになった。

ただ、そうした理由よりも「新空港を別の場所に作ってしまうと、県内の対立が洒落にならないレベルになる」という政治判断が大きく作用したとされるのが、もっぱらの話。ネックになった就航率の差は「将来的な技術革新に賭ける」的な理由で優先度が下げられたとか。

当時の状況としてはいかにも玉虫色のスッキリしない決着だったが、新青森駅を中心に弘前、青森、北海道がつながった現状からは、そこに近い青森空港の存在はまずまず悪くない。ただ、相変わらず弘前方面からの道路がイマイチなのはなんとかしてもらいたい所だが……。あと、空港からのバス便は青森駅、弘前駅だけではなく、新青森駅行きの新設も、そろそろ必要になるのでは？

第8章
津軽・南部の抗争よりも青森県の生き残りが先でしょ!!

青森県の強みを活かすには昭和感覚の政治を改革すべし

優れたブランディングと土地にあった産業構造

これまで長きにわたって青森県を見つめてきたが、全体を通しての正直な感想は「青森ってけっこうスゴイ」というものだ。

まず感心したのがブランディング。リンゴ、ニンニクといった国内を完全に制覇してしまったブランド力は恐ろしいまでに強く、また、ゴボウ、ホタテなどほんの数十年で数百倍の成長を遂げた産業がいくつもある。青森は古くから「北の僻地」で、もともと農業は弱く、強力なのは北海道交易をはじめとした商業だった。この構造は青函連絡船の廃止までそれほど動いていなかったようだが、連絡船を失ってもまだまだがんばれるだけの産業を育てていたのは余りにも立派。しかも、高いブランド力をも同時に育てていたのである。さらに、このブランド品たちは、雪で冬は強制的に農閑期になってしまう青森だからこそ優秀な製品となるものばかり。第一次産業には不利な青森だからこそできたのだ。これは偉大な勝利というべきだろう。

　これらの農作物もそうなのだが、青森県ではその土地柄に合わせて思いきった手が取れていることも特筆すべき点だろう。ニンニクは、そもそも気候、地形から米作には向かない南部地域で盛んだ。また、古くから「不毛の地」であった下北半島は、危険を覚悟で原発や基地を選択するという思い切った手をとっている。これらは手放しで賛成して良い性質のモノでは決してないが、見方によっては「〝不毛の地〟である〝利点〟を最大活用した」ということでもある。大局的に見て、これも賢い戦略であるというべきであろう。

成長を阻害する青森の古い体質

青森県は、その特性を活かし、もしくは困難を打破して成長してきた。だが、どうにもこれを邪魔してしまう要素がある。それは「政争」が激しいことだ。

青森県には「津軽選挙」とか、「八戸戦争」などという言葉がある。これらは金権政治や激しい党派争いを示す言葉だが、こんな言葉がある時点で、いかに政争が激しいかがわかるというものだ。

本来、政争とは異なる意見が対立し争うという意味で、決して悪いものではない。が、現実は勢力争いやポスト争いを示す言葉となっており、生活や産業をサポートする本来的な政治の役割を忘れ、利権や既得権を守るために政治家や役人が争う、現実的に「迷惑なこと」である。こうしたくだらない要素を政治の世界から排除する努力は戦後ずっと続いてきて、まぁ多少はマシになったかもしれない？　というのが現代ニッポン。なのに青森県では２０１４年に起こった平川市の大量汚職事件など、「古き悪しき」体質が色濃く残っているのである。

平成の大合併でも、こうした古い体質が生んだ悲劇が多数起こった。五所川原分断合併（というか十三湖町構想崩壊）などは、まさに既得権と既得権のぶつかり合いが生んだ象徴的なものだ。財政状況の差異や新市町名でもめたのならば、まだ住民の利益を守るという意味で理解できる。しかし、市議や町議の利権争いが見え隠れしてしまうような物別れを見せられては住民としてはたまらない。

そもそも平成の大合併は、当時の市町村割りに無理が出てきたことが、その原動力の大きなひとつだったはずだ。多くの自治体は、少々の我慢はしても、合併でもしなきゃあやっていられない、という状況にあったのだ。というか今もそれは変わっていない。しかし、青森県で生まれた合併劇は、それが成功した青森市と浪岡町でも、失敗した八戸市とその周辺、弘前市とその周辺、外ヶ浜町や五所川原市の例を見ても、「これじゃあ合併なんかしてもしなくても同じだった」という結果になっている自治体はあまりにも多い。

その原因には、地方政治家や役所の利権争いが含まれる。これはもうずいぶん前から変わらないのだが、結局合併をして行政や議会がコンパクトになれば、それだけポストが減るのである。その削減こそが合併の大きな目的のひとつだからだ。そうすると、既得権者は少ないポストを巡って激しく争うことになる。場合によっては、それが原因で本当に必要だった合併話がおじゃんになってしまうことだってあるのだ。

青森県民は、長年のこうした体質に慣れきってしまっていて、「まあ、お役所だの政治家だのはそういうもんだなぁ」と思っているのかもしれないが、時代は変わっている。せっかくの新幹線駅である新青森周辺があの有様なのも、完全に政治の責任だ。もはや、県民は我慢だったり諦めたりしている場合ではない。

というか、もし本当に悪徳政治家や、党派争いにしか興味のない政治家が多かったら、逆に「悪徳具合」が足らなすぎる。平川市の事件では、使われたといわれる賄賂が20万～100万といったしょっぱい額だった。そんな小さな悪事で逮捕されるぐらいなら、ここは一発、青森県の経済状況をぐーんとアップさせ、億単位の賄賂がとれるくらいの状況を作ってもらいたいものだ。

スケールの大きな悪党は「使える」のである。チンケな党派争いなどしている暇があったらもっと大きな「利権」を考えてほしい。

青森はリンゴのおかげで有名。そのリンゴを一番作っているのは弘前。つまり弘前が一番偉い？

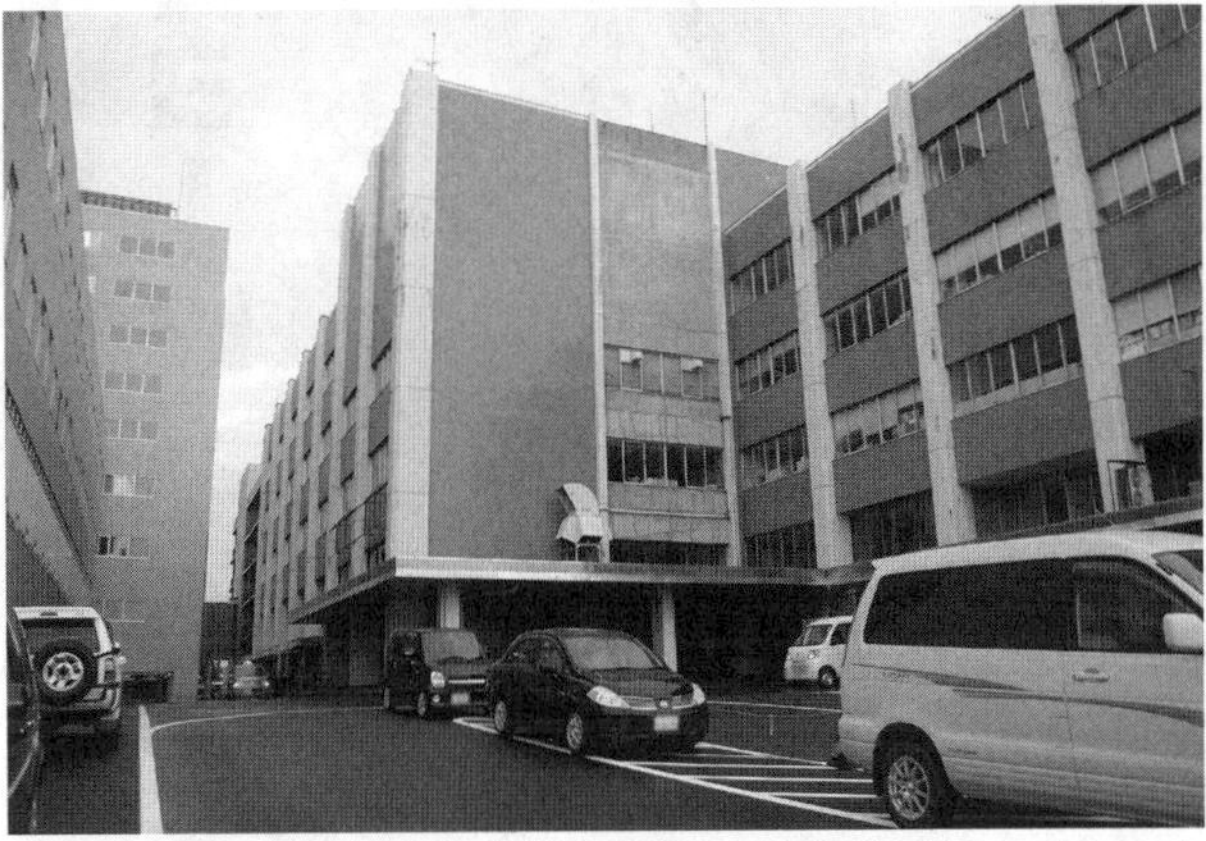

こちらは五所川原市役所。合併で分断された悲劇の地……といった悲壮感はなかった

青森県の観光はどうみたってビミョー!?

新幹線問題はどう推移するか？

現在、青森県の観光産業はおおよそ「伸びている」というべきだ。農業・漁業はどうしても自然相手のためにアップダウンが生じてしまうが全体としては堅調。工業の伸びは期待薄だが、しばらくは現状維持できるだろう。

こういう状況だけに、やはり経済面では観光業に注目したい。西目屋村のように、強力な観光資源さえあれば住民は豊かな生活ができるのである。逆をいえば、少子高齢化の進む現代日本において、観光産業は数少ない「残されたフロンティア」になり得るともいうことはできないだろうか。

青森県の観光の全体的な印象は「非常に丁寧にやっている」というもの。特に津軽鉄道の完全な観光路線化は特筆すべきで、客室乗務員がほぼ常時乗っている路線など、全国でも珍しい。また、八戸の八食センターや、青森と弘前における白神山地や五能線観光への誘導策も優れていると思う。

だが、まあ発展段階だから仕方がないのかもしれないが、青森県の観光産業には大きくふたつの問題があると思われる。

ひとつ目は「目玉が少ない」ことだ。白神山地はおいといて、そのほかは三内丸山遺跡、恐山以外がどうにもマイナーだ。これは、特産物であるリンゴやニンニクが「珍しいものではない」ことも影響している。青森のリンゴやニンニクは全国を制覇してしまっているおかげで、これを目当てに青森に来るというモチベーションになりづらい。

もうひとつは、「目玉以外のケアが追いついていない」ことである。例えば八戸。確かに、八食センターは近隣、というか三沢辺りまでの顧客をがっちり固め、生活の拠点と観光地としての両機能を併せ持っている。だが、そこに至る道のりはどうだ。八戸の中心街は閑散としており、見かけるのは老人ばかり。これが足を伸ばしてイオンまでいけば人で溢れているのである。イオンも住民にとっては悪くないが、観光客は「八戸ってなんて寂れているんだろう」と思ってしまう。観光地の魅力とは、お目当ての「目玉」とそれをとりまく「環境」だ。青森市や弘前市は相次ぐ再開発でなんとかその「環境」を整え始めているだけに、八戸市も、例えば観光向けの長時間行う朝市をやる区画を増やすとか、せっかくみろく横丁という屋台街があるのだから、八戸駅、本八戸駅との連続性を強化するとか（例えば再開発の成功例といえる鹿児島中央の屋台街は新幹線駅の目の前）、もう少し外から来る人向けのまちづくりを意識するべきではないだろうか。

観光ばかりを重視していると、地元に対するケアが悪くなるのでは？という意見もあるだろう。だが、成功例を見るぶんにはその心配はない。右に挙げた鹿児島の屋台街は、完全な観光向け施設であるが、実態としては近隣のサラリーマン客が主力。観光に耐えうるまちづくりとは、要するに魅力的なまちづくりとほとんど変わらない。観光客も住民も、キレイでオイシイ飲食店や街並みがあれば集まってくるのである。どうにも日本の観光施策というのは住民無視のものや、怪しげな土産物でボッタくるようなものが多かったが、もはやそれは通用しない。ここは、もう逆境を逆手にとって「せっかくシャッター街になったんだから再開発のチャンス」くらいの気持ちで取り組む必要があるのではないだろうか。

減り続ける人口には手がつけられない？

2014年6月。総務省が発表した人口動態調査の結果で、青森県は「人口が減少した県」（減少率）のワースト3に名を連ねてしまった。それも、高齢化による自然現象ではなく、移転による減少に限ればワースト1。これに対して青森県は「原子力施設の集積などを生かした企業誘致や農業の改革などで雇用を創出していく考え」だという（日本経済新聞・14年6月25日）。果たして、これで本当に対策となるのだろうか。これまで見てきたように、青森県の農業はすでに十分な力を持っている。確かに改革すべき点はあるのだろうが、正直、人口減に対しては成長よりも「維持」が課題なのではないか。また、原子力を生かしたなどと言われても、あれほどの大事故があった（というか今も続いている）東北である。簡単に言ってくれるな、という思いを抱くのは、筆者だけではあるまい。

そもそも、人口の減少は青森県だけの問題ではない。これは全国的な問題であり、その中でも特に危険なのが東北地方だ。お隣の秋田県は、年少人口が全国最低、老年人口が全国最高の比率と、もう高齢化社会のトップランナーという状態だ。また、福島県は東日本大震災の傷跡がまだ色濃く、山形県も人口減は止まらない。唯一増加ないしは横ばいなのは宮城県で、このままでは宮城県以外の東北地方は「消滅」してしまうのではないかといわれている。

その中でも、青森県は「転出」が多いということで、これは「人が定着するに足る魅力がない」と解すべきだ。まず、人が定着したくなる「魅力」の創造とはどんなものかを考える必要があるだろう。また同時に、「減ったら減ったでどうそれに対応するか」が重要になってくるのではないか。

東北はどこも人口減に悩む。山形市は仙台という大都市が隣接しているのも原因。写真は山形県庁

原発事故以来、人口が激減する福島県。青森と同じフィールドで語るのはナンセンスかも

これまで通りではもはや発展は不可能
コンパクトシティは突破口となり得るか？

人口の減少を今度はチャンスにできないか

青森県、いや、今や全国の地方自治体は、その多くが滅亡の危機に瀕している。最大の問題は人口の減少だ。

人口が減ることによって起こるデメリットは多い。単純に税収が落ちる。地域コミュニティの力が落ち、近所同士の助け合いができなくなる。利用者が減ることで病院や地域サービスの利益が減り、または維持費の費用対効果が下がり、維持できなくなってしまう。つまり、人間の住めない土地がどんどん生まれてしまうのだ。

だが、逆を考えてみたらどうだろう。青森県は、第一次産業が強い。近代の技術革新は、農業にしても漁業にしても必要な人員を大幅に減らしてきた。村総出が必須だった田植えが、今では機械を使うことで極少人数で可能になったのだ。そして、必要な労働力は減ったのに、生産量は飛躍的に増えている。単純に考えれば、人口が減っても生産量が変わらなければ、一人当たりの収入はそれだけ増えるのだ。うまくやれば、効率化を図ることが可能なはずだ。

青森市が掲げるコンパクトシティ化の本質は、実はここにあるのではないだろうか。広い範囲に人が散らばっていては、各地に医療やら地域サービスやらの拠点も置かなければならず効率が悪い。だが、1カ所にまとまっていれば、数を減らしたうえでもっと手厚いサービスも可能。人が集まっていれば商業は自ずと発展するので人口が少なくても問題ない。むしろ効率が上がったことによって規模が拡大するかもしれない。

このように、人口減を逆手に取った成長戦略も可能性がないわけではない。もちろん、これを成し遂げるためには現在の自治体数でも多すぎる。そもそも「平成の大合併」の目的のひとつであった効率化や経費の削減は、そのまんまコンパクトシティ構想と重なる。つまり、今のままではコンパクトシティなぞ夢のまた夢で、さらなる、というか当初の構想通りの大合併が必要になるだろう。

コンパクトシティ化と雇用の創出を同時に

理想的なコンパクトシティ化を実現するためには何が必要だろうか。まず、最大の問題は農業だ。農業生産は青森県の最重要ポイント。しかし、農業は宿命的に広い土地を必要とし、どうしても分散して暮らしていたほうが効率良く仕事ができる。

この課題に対しては「通勤する農業」スタイルの推奨が必要になるだろう。日本の農業は、基本的に家族経営だ。後継者不足の問題は、まさに家族経営スタイルが一般的であることに起因する。

そこで、後継者不足により維持できなくなった農地は、これまでのようにほったらかしにするのではなく、行政なり誘致してきた企業なりが積極的に買い取り、就職できる農業法人を育てていく。もちろん、従来の農家と同等か、それ以上の収入を従業員に与えるのは簡単なことではない。だが、それを達成して通勤農業のスタイルを確立できれば、コンパクトシティの創設は一歩前進するだろう。同時に、法人化による集団化が実現できれば、家族経営の問題点であった長時間労働の解消も狙える。大変な課題ではあるが、コンパクトシティ化を進めるのであれば、必要なことではないだろうか。

さらに、都市部での雇用を確保する必要もある。そもそも、地方の崩壊は「第一次産業だけでは食っていけない」時代となってしまったからだ。これは、食料品の低価格化などさまざまな原因がある。しかし、過去においては地方には「工場」があり、そこに父親が通勤して主婦と祖父母は畑仕事、といった「兼業農家」が成立したことで、地方はなんとか保たれていた。だが、それも企業の海外移転や業績不振により崩壊。結局多くの人が職を求めて都会に移動し、農村には高齢者が残されたわけだ。ということは、コンパクトシティに雇用があれば、もう一度、というかさらに進歩した兼業農家を構築することも可能だろう。

そこで推奨したいのは、工場などの第二次産業はもちろん、都会型の第三次産業を確立させることだ。どうも、地方の雇用確保というと第二次産業ばかりになりやすい。地方に職がない、といわれるのは、第一次産業と工場くらいしか働くところがない、というのと同義である。若者は、イメージ的に格好が良く、かつ稼げる職に就きたがるのは当然。つまり、都会型の産業がちゃんとしていれば、若者の流出は防げるはずだ。

IT化がド田舎を企業都市に変える！

過去において、それはほとんど不可能であった。知的産業に分類される職種は、取引先と綿密に接触する必要があり、スピードが求められるために近所にいる必要があった。そうすると、東京や大阪などの大都市でなければそもそも業務の遂行が不可能だったのだ。しかし、今はもう時代が違う。ネットワークの進歩により、打ち合わせなどはオンラインで可能だし、書類などもすべてネット経由でやりとりできる。まだまだ肌感覚を探るようなやりとりは無理だが、それでも「人に直接会う」必然性が大きく減ったのは確かだ。これは青森県もちゃんと考えていて、「新時代ＩＴビジネス研究会」を設立するなど、ＩＴビジネスの育成に努めている。この試みが成功すれば、県内に有力な企業を作ることができ、「兼業」も含めた雇用を創出できるだろう。

だが、新規の企業を創出したり、成長を待ったりするだけではダメだろう。今の時代、よほどの天才が現れなければ巨大ＩＴビジネスなど誕生しない。自前で育てるのはもちろん必要だが、同時に積極的な誘致も必要となる。

そう考えれば、「獲物」は数多く存在する。例えば、楽天などのネット通販系企業は、別に東京にいる必要が感じられない。事実、ジャパネットたかやトーカ堂は九州だ。もちろん営業部隊や渉外部隊は多少なりとも必要だろうが、根本にある開発部隊はどこにいても問題ない。アマゾンが２００９年に８００億円掛けて買収したザッポスという靴の通販サービスはラスベガスの砂漠にあるし、シリコンバレーはド田舎だ。青森にこうした企業を呼んでこれない理由はない。また、都市部で苦しんでいるベンチャー企業を大量に誘致するのもアリだろう。

そして、こうした企業に破格の優遇措置を与えるのである。10年税金タダとかベンチャー1社につき住居事務所無料提供と1億円融資とか。短期的には痛いだろうが、雇用が増えれば税収は上がる。もちろんバランス感覚は重要だが、現在の力を維持しつつ、コンパクトシティ化でさらに発展、と考えるのであれば、このくらいの血を流す必要がある。日本の地方自治体は、もうそのくらい追い詰められているのだ。

いろいろと水に流して青森県の団結を

ここではコンパクトシティ化を題材に、現在の青森県を維持しつつ、どうすれば発展できるかを考えてみた。もちろん、これが完全に正解というわけではない。ほかにもさまざまな方法があるだろう。

だが、人口の激減という危機を迎えた青森県は、このくらい思い切った手を考えなくてはこの先、生き残っていけない。せっかくここまで発展してきたのだ。祖先の努力を無駄にしないためにも、変わらなくてはならない。

しかし、やはりここで挙げたように、かなり過激な手段をとらなくては、ドラスティックな変革は難しいだろう。コンパクトシティ化にしても、ケアというバランスを同時に考えなくては、ただ過疎地を見捨てるだけの愚策になる。

ドラスティックな改革が必要ならば、もはや県内で争っている場合ではない。一致団結して取り組まなければどうにもならないのだ。青森県は、宿命的な南部と津軽の対立というものがあったし、それぞれの地域でも、細かな政争が繰り広げられてきたが、もはやそんな小さなことにはこだわっていられない。津軽の「裏切り」もよく見れば権力闘争の中の「自衛策」に見えなくもない。とりあえず「そういうこと」にしてしまい、いい加減どこもここも一旦は和解してはどうだろう。

現在のペースでは、遠からず過疎地域から住民が消えてしまう。そうなった時でも、そこにあった文化や産業を活用するための準備が必要だ。本書では、現在進行中の「大青森市」合併案を紹介したが、それだけではなく、五所川原を中心とした西津軽市、弘前を中心とした南津軽市、むつ市を中心とした下北市、八戸と三沢を中心とした三八市の5市体制にもっていくくらいの勢いの集約化も検討する必要があるだろう。

街のコンパクト化は必要だろうが、それが農地や工場、自然保護という「役に立つ」ことにつなげることが重要になるだろう

産業を守りつつ快適な生活を創造するのは行政、そして住民自らの役割である。困難は多いだろう。だが、北の果てにあるこの地を、ここまで育て上げた青森県民である。このピンチもチャンスに変えて前進できるはずだ。

仙台を擁する宮城県は別格としても、青森県は東北地方の中では豊かな県だ。そのポテンシャルは非常に高い。ここまでに指摘させてもらった問題点にしても、近隣県に比べれば傷は浅いように思える。

少しの失敗に一喜一憂している場合ではない。使える物はなんでも使い、新たな青森を目指すべきだと思う。

「過疎県」の中では、青森はかなりマシなほう。実際の数字はともかく、道を歩く子供の姿を見かける頻度は他県に比べ高い方だ

高齢化は青森でも懸案事項。「短命県」の解消は、高齢者の増加にもつながるので、対策は同時並行でしっかり進めるべきだろう

新幹線を「もう一本」で青森は完全に復活する？

青森市のコンパクト化は失敗気味？

本書は2014年に刊行された『日本の特別地域特別編集　これでいいのか青森県』に加筆訂正を行ったものである。最後に、約3年間の間、青森県に起こった新たな変化を振り返りながら、それを踏まえた新たな提言をおこなってみたい。

まず、最大の変化は、やはり北海道新幹線の開業だろう。ただ、これはかねてより懸念されていた「青森県の地位が低下する」という現象に、それほど結びついていないようだ。

ただ、県全体ではそうでも、青森市にはジワジワとダメージがやってくるのかもしれない。コンパクトシティ構想の象徴のひとつであったアウガは潰れ、客足は「青森市をスルーして」弘前と八戸に向かっている。

そう考えると、青森市は今後コンパクトシティの考え方を、修正するべきなのかもしれない。

筆者は、基本的に街のコンパクト化には賛成したい。首都圏では、自然現象としてのコンパクト化が進んでいる。都心から乗車時間で1時間を超えるような住宅地は見捨てられ、都心部の高層マンションが人気を集めている。

ただ、ここで注目したいのは、首都圏の場合、建築されるのは住宅である率が非常に高いということだ。郊外の再開発都市では、優先されるのはまずマンションや宅地開発。それに合わせて、もしくは少し遅れて商業施設が作られる。もちろん、戦後ずっと住宅不足が続く首都圏ならではの現象だ。だが、この住宅地が優先されるという点が、青森県、青森市を含む地方都市がコンパクト化を進めるにあたって、欠けている観点なのではないだろうか。

コンパクトシティとは、徒歩や短時間の公共交通機関利用で、生活のすべてを賄うことのできるまちづくりである。その拠点として、駅前などの中心地に商業施設を作ってきたわけだ。ただ、それを利用する市民、県民は、その施設を利用するために、郊外から車に乗ってくる。アウガの「失敗」は、車中心のライフスタイルを甘く見すぎた結果だという意見を見聞きしてきたが、筆者も同感だ。市が本当に街のコンパクト化を成し遂げたいなら、まずは一等地に「激安高級高層マンション」を多数作り、住居のコンパクト化から始めないと厳しいだろう。

当然、そう考える人は多い。だが、それは採算性を筆頭とする、多くの困難によって諦められてきたことは、想像に難くない。

だが、その代替案というべき、商業施設の整備は、期待したほどの効果がないことが証明されたわけだ。街の賑わいは、人が沢山住んでいれば必然的に生まれるし、商業施設も自然と建つ。資金をふんだんに投入するべきなのは、やはり住居だったのだ。この際、最初に駅前に転居できる幸運な人を「えこひいき」してでも、駅前に住むことがもっともお得な状況を作るべきだろう。その意味では、青い森セントラルパークに予定されていた「低炭素型モデルタウン事業」の頓挫は、かなりの痛手であった。

つまり、青森市は「ただの交通の拠点」「人が沢山住んでいるだけ」の存在にするべきなのかもしれない。それによって、「旧都」である八戸、弘前とのトライアングル体制を、有効に作っていくべきだ。

やはり弘前に新幹線が欲しい

では、青森市以外の2大都市はどうするべきだろうか。まず八戸だが、これは新幹線もあるし八食センターもある。商業地の整備としては、もう手詰まりだ。やはり、残るは青森市と同様に、中心地にできるだけ人が多く住むトレンドを作るための努力をするべきだろう。

では、弘前市はどうだろうか。弘前では、青森市とは逆に、駅周辺の住宅整備が進んでいる。土手町（の弘前城に近い方）など、商店街もなんとか生き残っている。商業施設やホテルの整備状況もまあまあだ。

これは、新幹線駅ではないこと、東北自動車道からも事実上離れているという、「交通不毛都市」としては特筆すべきことだろう。まったく直通ではない北海道新幹線の開業を機に、函館、道南との結びつきを強めたことも、これまでみてきた通りだ。

つまり、弘前は現代のまちづくりでもっとも重要な交通整備が不足しているのにもかかわらず、街の力を保てるという希有な存在。みようによっては、青森県最強の都市であるというべきなのだろう。

そう考えると、弘前にはすさまじいまでの「伸びしろ」があると思えてくる。つまり、交通の整備さえできれば、もっともっと延びるかもしれないのだ。

やはり、新幹線が欲しい。ずいぶんと南の方の話だが、低速のミニ新幹線である山形新幹線はフル規格化、もしくは庄内地方（酒田）までの延伸に向けた努力が続いている。また、こちらの声はまだまだ小さいが、山形新幹線は大曲までの延伸が期待されている。

まずはこれらの路線が通ってから、という面は否めないのだが、そこからさらに、弘前を通って新青森まで新幹線がつなげることを、青森県全体の目標にできないだろうか。そうすれば、新青森を中心に、3大都市が新幹線でつながることになる。危機にあえぐ秋田県の大館を救うことにもつながるので、ここは是非、秋田県とコンビを組んで、長期的に取り組んでもらいたいところだ。

これにより、弘前を出発点に、秋田、山形（酒田）、新潟、富山、金沢までが新幹線でつながる。これは新たな日本海ルート、「北前路線」となるかもしれない。それを見越して、まずは弘前、大館、秋田（と新青森）のミニミニ新幹線なんていうアイデアもあり得るだろう。

ここで注意したいのは、この構想が実現するにしても、かなり先の話だということ、現在の青森駅、新青森駅のおかれた状況を、整理しておかなければ、逆に県全体としてひどいことになりかねないということだ。先にも触れたが、はやくも「新幹線の使いづらさ」は表面化している。これをどう改善、もしくは逆手に使えるか、二の轍を踏まずに済むか、考えなければならないことは山ほどあるし、それが未来への教訓となるだろう。

日本の中の青森と世界の中の青森

青森県のような「地方」は、生活環境としての地域であること、観光地であることのバランスを、いかにとるかが重要となる。とくに、新幹線がつながっていることで、観光地としての条件を満たしている地域には。

だが、観光客が喜ぶのは、地元の人が楽しく豊かに過ごしている土地だ。地元の人が集まる飲食店にお邪魔して、地元の人が買い物をする、個性的な店舗を覗く。地元の人が愛する景色を見せてもらい、地元の人が楽しむイベントを見物する。極端にいえば、観光対策を（宿泊施設は別だろうが）まるでしないで繁栄している土地こそ、最高の観光地なのである。

まずは地元の青森県民が、幸せに暮らせる環境を整えることこそ、最大の観光対策だ。しかし、青森のポテンシャルは、他の地域がもっているものとは違う。青森は、現状の立地条件では、新幹線を起点に考えれば、抜群のブランド力をもつ仙台と函館、札幌に挟まれた中間地点だ。正直、これらの地域、都市に対抗するのは難しい。そう考えた方が安全だろう。新幹線が通ったことで、その違いはより一層際だったといっていいのかもしれない。

しかし、青森はそれらの都市とは、違う武器を沢山もっている。そして、その武器は国内よりも、海外に評価されているのかもしれない。

青森のリンゴやホタテ、ニンニクはアジア圏で大きなブランドとなっている。青森ブランドの海外輸出は、毎年のように「過去最高」という言葉が踊る。しかしその成果を、当の青森県民はどの程度認識しているのだろうか。誇りとしているのだろうか。住民の生活に、フィードバックできているのだろうか。できているところと、できていないところがある。

とくに感じるのは、飲食店を選ぶ際に、青森ならではの食材を食べられる店を探すのが、案外難しいことだ。ホタテなど海産物はあるが、ニンニクが売りの店は、軽く調べた程度では見つからなかった。リンゴのアピールは過剰なほどだが、ではそれを食べられる店、製品が街にあふれているわけではない。あることはあるが、それなりに高価だ。じゃっぱ汁やけの汁を味わいたくとも、それがガイドされていない。有名な煮干しラーメンも、気合いの入った人しかたどり着けないような場所に、有名店がある。

どうも、筆者の印象としては、世界に評価される青森を、地元青森県民、そして日本人が、イマイチ評価できていないように感じる。もちろん、過度に偉ぶったり、自分の持っている価値をかさに、他者をおとしめるような態度はダメだ。だが、今は当事者だけが青森の価値を正当に認めていないように思われてならない。

もっと素直に、観光客向けのお店だけではなく、青森県民全体として、地元の産物、文化を「当たり前に楽しんでいる」姿をみせるべきだと思う。これは高度成長期以来、日本に蔓延した地方蔑視、一次産業蔑視の風潮の影響だとは思うが、すでに時代は変わった。自分たちの伝統や、好きなこと、当たり前のことを、もっと持って打ち出してほしいと感じた。

つまり、まずは青森に、謙虚な自信をもつべきなのだ。今や東京や京都、北海道など「定番」どころに飽きた海外の観光客が、青森を「発見」してやってくる時代だ。彼らは青森のリンゴやニンニクのファンであり、その豊かさをイメージしてやってくる。せっかくそうやって来てくれる人がいるのなら、よりいっそうスペシャルな体験をして帰ってもらいたいではないか。

そのために重要なのは、地元ファーストの豊かな生活だ。まずは地元の利便性を上げるための細かな努力を続け、どこにいってもじゃっぱ汁、けの汁が出てくるような青森を、目指すべきだと思う。

観光産業は重要だし、輸出で稼ぐことはマスト。その利益を地元にわかりやすく還元することがそれらの産業の振興につながるはずだ

あとがき

２０１４年に訪れた青森県は、いろいろな意味で思い出深い土地だ。

なによりも印象深いのは、その気候だ。夏の盛りの津軽は、関東のコンクリートに蓄積された暑さに慣れた身には、この上なく快適で、暑くはあったが、つらさはなかった。ただ、大鰐のスキー場の近くで崖から落ち、膝に怪我を負ってしまったおかげで、松葉杖をつきながらの取材行となったことは非常に残念だった。

だが、五所川原の街を歩き回り汗だくになって後に飲んだビールの旨さ、木造駅の迫力、金木の街並み、美しく整備された青森港、オシャレな弘前の街並みなど、担当した津軽の景色は深く心に残った。

また、一面緑の津軽平野と、山と海に囲まれた南部のコントラストにも強い印象を受けた。

一転、２０１７年終わりに訪れた青森は、間近に迫った冬のためかどこか灰色のイメージがある。筆者は学生時代スキー競技をたしなんだので、懐かしさを感じる空気感だった。ちなみに大鰐の大会ではことごとく結果を出せなかったので、改めて3年前怪我をしたことに、なにやら因縁めいたものを感じたが。

さて、文庫版の制作にあたり、限られたスケジュールではあったが、今別、青森、弘前の街を、前回見られなかった場所を中心に廻った。とくに今別は、新幹線駅から海沿いの在来線駅まで歩くことができ、街のメインストリートをおおよそみることができた。

ちょうと郵便局のあたりでこの街が過去、相当に栄えたのだ、ということがよくわかった。しかしそれは、時代の流れとともにもたらされた繁栄であり、時間の経過とともに置き去りにされたものなのだろう。筆者を含む本シリーズスタッフは、日本全国の各地を廻り、激しい衰退にみまわれた地域をみてきた。しかし、衰退にあえぐ地域というものは、往々にして自業自得の要素をもっている。だが、青森においては、とくに下北半島が顕著だろうが、他者の都合に振り回された結果、衰退を招いてしまった地域が多い。

しかし、取材中に出会った青森の人々は、その多くが明るかった。本編でも紹介したが、今別では「もうプラスに転じる要素しかない」という話を聞けた。

街を歩く人は多く、自転車に乗った子供、電車の中で賑やかに話す中高生をたくさんみかけた。「衰退している」といわれる地方では、滅多に人に会わない地域が多い。取材中、1日の会話がホテルのフロントのみ、バスは行きも帰りも乗客は自分ひとりなんてときもある。

青森は、そこまで衰退しているわけではないのだ。夜の津軽線上りでさえ、そこそこの人が乗っているし、蟹田の乗り換えでは、複数の親子連れに会うことができた。

このように、地方の「田舎」の中では、比較的マシなはずの青森だが、どうにも自虐的だ。青森県の公式サイトにある「青森県のイメージアップについて」の頁では、提言内容として「青森県は、新幹線が来るのも東北最後であり、フジテレビや不二家、ロフトがなく、りんごしかイメージがないというのが現状だ。」と書かれている。不二家がそんなに重要なのかは疑問だが、本編の最後で触れたように、自らを卑下する傾向があるようだ。

よく青森の特徴として取り上げられる津軽弁だって、一説には「もっともオリジナルの日本語を残している方言」だとか。青森について調べれば調べるほど、こうした「自慢」に使えそうなネタがでてくる。ロフトはなくても、もっとイカしたストリート系のショップがあったりするのだ。

筆者の青森に対する印象は、このように非常に良い。評価も高いといえるだろう。その分、「青森は手を貸さなくても大丈夫」といった感覚でいるため、少々手厳しい言葉が並ぶ頁もある。しかしそれは、青森の強さを確信したからこそのものだとご理解いただければ幸いである。もし、本シリーズの他の本をご覧になって、妙に優しさにあふれているように思えたら、それは筆者らが「ここはなんとかしてあげないとヤバい」と感じたと理解してほしい。

だが、懸念もあることはある。本シリーズは、東北地方においては各自治体が提唱する「コンパクトシティ」構想に賛同する方向で論じてきた。しかし、その成果が出ていないどころか、住民に拒否されていると感じられる地域もまた多い。なぜ「理論的には」十分に妥当と思われるコンパクトシティが、なかなか支持を得られないのか。これについては、今後より深いところで、調べてみたいと思う。

鈴木士郎

参考文献

・長谷川成一　村越潔　小口雅史　斉藤利男小岩信竹／編
『青森県の歴史』２０１２年　山川出版社
・小岩信竹　高橋堅太郎　四宮俊之　工藤堯
『青森県の百年』１９８７年　山川出版社
・青森県高等学校地方史研究会／編
『青森県の歴史散歩』２００７年　山川出版社
・森田稔／編著
『青森県謎解き散歩』２０１２年　中経出版
・山本博文／監修
『あなたの知らない青森県の歴史』２０１３年　洋泉社
・佐藤竜一
『シリーズ藩物語　盛岡藩』２００６年　現代書館
・松尾正人

『廃藩置県　近代統一国家への苦悶』１９８６年　中央公論社
・高野澄
『物語廃藩置県』２００１年　新人物往来社
・星亮一
『会津戦争全史』２００５年　講談社
・朝日新聞青森総局
『核燃マネー　青森からの報告』２００５年　岩波書店
・舩橋晴俊　長谷川公一　飯島伸子
『核燃料サイクル施設の社会学　青森県六ヶ所村』２０１２年　有斐閣
・前田哲男
『在日米軍基地の収支決算』２０００年　筑摩書房
・赤坂憲雄
『東北学／忘れられた東北』２００９年　講談社
・チームはやぶさ／編
『あおもり解体〝深〟書　青森を識る71話』２０１１年　泰斗舎

・土平恭郎
『お国気質がよくわかる！　県民性雑学ハンドブック』２０００年　ＰＨＰ研究所
・八幡和郎
『図解雑学　性格がわかる！県民性』２００４年　ナツメ社
・ロム・インターナショナル／編
『県民力がズバリ！わかる本』２００４年　河出書房新社
・読売新聞地方部
『東北ことば』２００２年　中央公論新社
・篠崎晃一
『北海道・東北「方言」から見える県民性の謎』２０１４年　実業之日本社
・日本広報協会／編
『合併市町村　あのまちこのまち　２００５東日本編』２００５年　日本広報協会

【サイト】

・青森県

http://www.pref.aomori.lg.jp/

・青森市

http://www.city.aomori.aomori.jp/

・弘前市

http://www.city.hirosaki.aomori.jp/

・八戸市

http://www.city.hachinohe.aomori.jp/

・黒石市

http://www.city.kuroishi.aomori.jp/

・五所川原市

http://www.city.goshogawara.lg.jp/

・十和田市

http://www.city.towada.lg.jp/

・三沢市
http://www.city.misawa.lg.jp/
・むつ市
http://www.city.mutsu.lg.jp/
・つがる市
http://www.city.tsugaru.aomori.jp/
・平川市
http://www.city.hirakawa.lg.jp/
・その他県内町村公式サイト
・函館市
http://www.city.hakodate.hokkaido.jp/
・内閣府
http://www.cao.go.jp/
・環境省

http://www.env.go.jp/
・総務省『合併デジタルアーカイブ』
http://www.gappei-archive.soumu.go.jp/
・総務省統計局
http://www.stat.go.jp/
・青森県観光情報サイト　アプティネット
http://www.aptinet.jp/
・青森県警察
https://www.police.pref.aomori.jp/
・Ｗｅｂ東奥
http://www.toonippo.co.jp/
・デーリー東北新聞社
http://www.daily-tohoku.co.jp/
・陸奥新報
http://www.mutusinpou.co.jp/

・あきた北新聞社
http://nihon1.jp/
・共同通信社
http://www.47news.jp/news/
・朝日新聞
http://www.asahi.com/
・読売新聞
http://www.yomiuri.co.jp/
・毎日新聞
http://mainichi.jp/
・産経新聞
http://www.sankei.com/
・日本経済新聞
http://www.nikkei.com/
・東京新聞

http://www.tokyo-np.co.jp/
・J-CAST ニュース
http://www.j-cast.com/
・弘前大学人文学部社会言語学研究室
http://human.cc.hirosaki-u.ac.jp/kokugo/
・日本マグロ白書
http://www.maguro-jp.com/
・JAPAN WEB MAGAZIN
http://japan-web-magazine.com/
・健康果実「青森りんご」
http://www.aomori-ringo.or.jp/
・八戸せんべい汁研究所
http://www.senbei-jiru.com/
・下北ナビ
http://simokita.org/

・弘前大学人文学部社会言語学研究室
http://human.cc.hirosaki-u.ac.jp/kokugo/
・日本マグロ白書
http://www.maguro-jp.com/
・ＮＡＴＩＯＮＡＬ ＧＥＯＧＲＡＰＨＩＣ日本版
http://nationalgeographic.jp/
・高校偏差値ランキング２０１５
http://kintaro.boy.jp/
・裏日本ＤＥＥＰ案内
http://japandeep.info/
・公益社団法人　日本ユネスコ協力連盟
http://www.unesco.or.jp/
・Ｗａｌｋｅｒ ｐｌｕｓ
http://www.walkerplus.com/
・Ｙａｈｏｏ！路線

http://transit.yahoo.co.jp/

・Ｙａｈｏｏ！電話帳

http://phonebook.yahoo.co.jp/

・スーモ

http://suumo.jp/

・ホームズ

http://www.homes.co.jp/

・ＣＨＩＮＴＡＩ

http://www.chintai.net/

・ホームアドパーク

http://home.adpark.co.jp/

●編者
鈴木士郎
1975年東京都生まれ。編集者・ライター。出版社を経てフリー。地域批評シリーズ創刊より編集スタッフ、編著者として携わる。近刊は『日本の特別地域 特別編集79 これでいいのか千葉県船橋市』。『東北のしきたり』（岡島慎二と共著・共にマイクロマガジン社）。

地域批評シリーズ㉒　これでいいのか 青森県

2018年4月16日　第1版　第1刷発行
2019年9月18日　第1版　第2刷発行

編　者　鈴木士郎
発行人　武内静夫
発行所　株式会社マイクロマガジン社
〒104-0041　東京都中央区新富 1-3-7 ヨドコウビル
TEL 03-3206-1641　FAX 03-3551-1208（販売営業部）
TEL 03-3551-9564　FAX 03-3551-0353（編　集　部）
http://micromagazine.net/
編　集　髙田泰治
装　丁　板東典子
イラスト　田川秀樹
協　力　株式会社エヌスリーオー
印　刷　図書印刷株式会社
※定価はカバーに記載してあります
※落丁・乱丁本はご面倒ですが小社営業部宛にご送付ください。送料は小社負担にてお取替えいたします

※本書の内容は2018年2月26日現在の状況で制作したものです。

2019 Printed in Japan　ISBN　978-4-89637-739-2　C0195